Einander vertrauen statt Mauern bauen

Bedürfnisorientierte Zusammenarbeit mit
Familien in Kita, Krippe und Kindertagespflege

Anja Cantzler

Einander vertrauen statt Mauern bauen

Bedürfnisorientierte Zusammenarbeit mit Familien in Kita, Krippe und Kindertagespflege

HERDER

FREIBURG · BASEL · WIEN

MIX
Papier | Fördert gute Waldnutzung
FSC® C010798

www.herder.de

Umschlagkonzeption und -gestaltung: Gestaltungssaal, Rohrdorf bei Rosenheim
Satz: Sabine Hanel, Gestaltungssaal
Coverillustrationen: © Dzm1try – shutterstock, © pokki77 – shutterstock, © redstone – shutterstock, © Sabine Hanel
Illustrationen im Innenteil: © Chipmunk131 – shutterstock, © Dzm1try – shutterstock, © redstone – shutterstock, © Sabine Hanel
Herstellung: Graspo CZ, Zlín
Printed in the Czech Republic

ISBN (Print) 978-3-451-39889-6
ISBN EBook (PDF) 978-3-451-83355-7
ISBN EBook (EPUB) 978-3-451-83357-1

Inhalt

Einleitung

„Um ein Kind auf seinem Weg durchs Leben
zu begleiten, braucht es ein ganzes Dorf."

(Afrikanisches Sprichwort)

Heute wissen pädagogische Fachkräfte in der Regel darum, dass die einander zugewandte und respektvolle Zusammenarbeit von pädagogischen Fachkräften und den Familien[2] der Kinder wesentlich zum Wohl des Kindes und seiner Entfaltungsmöglichkeiten beiträgt. Das war jedoch nicht immer so.

Als ich vor über 30 Jahren als junge Fachkraft tätig war, durften die Familien und Bindungspersonen zwar bei Festen und Feiern mitwirken oder sporadisch Ausflüge begleiten, im pädagogischen Alltag der Kita waren sie weniger gerne gesehen.

Bereits in der Eingewöhnung hieß es: „Wir (Bindungs- und Bezugspersonen) müssen draußen bleiben." In einem meiner Seminare fasste ein Leitungskollege ganz treffend diese Zeit mit den Worten zusammen: „Es fehlte nur noch, dass wir ein passendes Schild mit durchgestrichenen Bindungspersonen aufgehängt hätten."

Mittlerweile ist die Zusammenarbeit mit den Familien gesetzlich verankert und damit kein „Nice-to-have" mehr. Doch ich beobachte teilweise rückwärtsgerichtete Veränderungen. Seit der Pandemie gibt es wieder Einrichtungen, in denen erneut darauf hingearbeitet wird, dass die Bindungspersonen der Kinder sich möglichst schnell im Eingewöhnungs-

2 Die Autorin bevorzugt hier den Begriff der Familie und umfasst damit alle Gemeinschaften im Umfeld der Kinder, in denen Menschen miteinander in Beziehung stehen und sich für die Bildungs- und Entwicklungsbegleitung der Kinder verantwortlich zeichnen. Dies folgt der Tatsache, dass Familienformen sehr vielfältig und variabel sind. Um den allgemein normierten Blick auf Familie und Elternschaft zu durchbrechen, wird außerdem von Bindungs- und Bezugspersonen oder auch Betreuungspersonen (z. B. bei Kindern, die nicht im familiären Umfeld betreut werden) statt von Eltern gesprochen.

prozess zurückziehen und danach ihre Kinder nur bis zur Türschwelle begleiten. Verstärkt wird diese Praktik, wenn auch in den Abholzeiten wenig Kontakt zu den Familien gesucht wird. Der Gruppenraum und das Geschehen jenseits der Türschwelle werden so zur Blackbox für Bindungspersonen. Glücklicherweise gibt es auch andere Einrichtungen, in denen Eltern herzlich willkommen sind und miteinbezogen werden.

In meinem Seminar „Achtung! vor Eltern!“ beschäftige ich mich schon seit einigen Jahren mit einer verstehens- und bedürfnisorientierten sowie beziehungsbasierten Haltung den Familien und Bindungspersonen gegenüber. Es geht in der Zusammenarbeit von Fachkraft und Familie immer um eine gute Balance von Achtung, annehmender Nähe, Einfühlungsvermögen und klarer Abgrenzung. Im Kern sollte es beiden Seiten – Bindungspersonen und Fachkräften – immer um ein gemeinsames Ziel gehen: das Wohl des Kindes. Dabei gilt es, die Bedürfnisse aller Beteiligten – Kinder, Familien und Fachkräfte – miteinzubeziehen.

Im Folgenden beschreibe ich die vielen kleinen Hürden des Miteinanders von Bindungspersonen und Fachkräften, an denen die Zusammenarbeit in der Praxis immer wieder scheitern können. Anhand einiger Beispiele aus meiner Erfahrung als Elternberaterin, Weiterbildnerin und ehemalige Fachkraft schildere ich mögliche Lösungsansätze, um ein bedürfnisorientiertes und vertrauensvolles Miteinander zu gestalten.

Bedürfnisorientierte und partnerschaftliche Zusammenarbeit

Abb. 1 Gelingende Zusammenarbeit

1 „Es geht um das Miteinander“

Was ist unter einer bedürfnisorientierten und vertrauensvollen Zusammenarbeit zu verstehen?

Die Zusammenarbeit von pädagogischen Fachkräften in Krippe, Kita und Kindertagespflege und Eltern spielt eine zentrale Rolle in der ganzheitlichen Entwicklung der Kinder.

Die Familie des Kindes – darin inkludiert sind je nach Konstellation die leiblichen Elternteile, Adoptiv- und Pflegeeltern, Partner:innen der Elternteile, andere nahestehende Bindungspersonen und auch professionelle Bezugs- und Betreuungspersonen z. B. bei einer Heimunterbringung – ist in der Regel ein sehr wichtiger Dreh- und Angelpunkt für das einzelne Kind. Jede dieser Personen hat einen wesentlichen Einfluss darauf, wie das Kind die Welt um sich herum kennenlernt und sich neuen Erfahrungen und Begegnungen gegenüber öffnet (vgl. Roth 2022, S. 36).

Viele dieser oben benannten Personen waren in der Regel bereits Teil des Lebens der Kinder, lange bevor die Fachkraft die Familie kennenlernt, und sie werden weiterhin für die Kinder verantwortlich sein, wenn die Fachkraft schon längst nicht mehr aktiver Teil des Lebens der Kinder ist. Die Eltern und primären Bindungspersonen sind und bleiben die Nummer 1 im Leben der Kinder (vgl. Leitner 2020, S. 145).

> Die Familien waren schon lange vor der Fachkraft für ihr Kind da und werden es auch noch lange bleiben, wenn das Kind nicht mehr in der Kinderbetreuung ist.

Dadurch sind diese Familienmitglieder die wichtigsten Partner:innen für die Fachkräfte in Krippe, Kita und Kindertagespflege. Es gilt, ihnen und ihren individuellen Bedürfnissen gegenüber Wertschätzung und Respekt entgegenzubringen, unabhängig von Person, Herkunft und Religion.

Gesetzliche Verankerung

Wichtig ist, ausdrücklich darauf hinzuweisen, dass die Zusammenarbeit zwischen den Bindungspersonen (Familien) und den pädagogischen Fachkräften im SGB VIII rechtlich geregelt ist.

Aus § 1 Abs. 2 SGB VIII ergibt sich der Auftrag für Kinder- und Jugendhilfe, also für die pädagogischen Fachkräfte in der Kindertagesbetreuung, die Kinder ihrer Einrichtung zu fördern und in ihrer Entwicklung zu eigenverantwortlichen und gemeinschaftsfähigen Menschen zu begleiten.[2] Nach § 1(3) Nr. 2 SGB VIII sollen Krippe, Kita und Kindertagespflege Eltern und andere Erziehungsberechtigte bei der Erziehung ihrer Kinder beraten und unterstützen (vgl. Vollmer 2021, S. 183).

Laut § 22 SGB VIII haben Träger der öffentlichen Jugendhilfe sicherzustellen, dass die pädagogischen Fachkräfte mit den Erziehungsberechtigten „zum Wohle der Kinder und zur Sicherung des Erziehungsprozesses“ zusammenarbeiten. Diesem Paragraphen ist des Weiteren zu entnehmen, dass die Erziehungsberechtigten an wesentlichen Angelegenheiten, die ihre Kinder betreffen, zu beteiligen sind. Die pädagogischen Fachkräfte sind dazu angehalten, ihr Angebot pädagogisch und organisatorisch an den Bedürfnissen der Kinder und ihrer Familien auszurichten (vgl. Kallfaß 2021, S. 35ff.).

Der Aufbau und die Pflege einer partnerschaftlichen und bedürfnisorientierten Zusammenarbeit von Fachkräften mit den Familien ist kein Nice-to-have.

2 In den Gesetzestexten, den Bildungsplänen der Länder und darüber hinaus ist der Begriff „Erziehung“ allgemein üblich. Dieser Begriff wird von der Autorin als überholt und veraltet angesehen. Erziehung beinhaltet immer die aktive Beeinflussung des Verhaltens des Kindes durch den Erwachsenen. Im Wesentlichen geht es darum, das Leben eines Kindes in eine bestimmte Richtung zu lenken. Gewünschte Verhaltensweisen werden gezielt gefördert und unerwünschte Verhaltensweisen unterbunden. Das widerspricht dem Bild vom Kind als aktive:r Gestalter:in der eigenen Entwicklung und der Rolle der Erwachsenen, es auf diesem Weg zu begleiten, und passt nicht mehr zum Ansatz der bedürfnisorientierten Pädagogik.

Damit ist die Zusammenarbeit mit den Bindungspersonen der Kinder grundsätzlich kein Nice-to-have, sondern die pädagogischen Fachkräfte sind dazu gesetzlich verpflichtet. Ergänzend zu diesem gesetzlichen Rahmen wird in den einzelnen Bildungsplänen der Länder die Bedeutungszunahme der Bildungs- und Erziehungspartnerschaft sehr deutlich ablesbar. Die Fachkräfte sind angehalten, eine partnerschaftliche und professionelle Zusammenarbeit mit den Bindungspersonen und anderen Erziehungsberechtigten aufzubauen und zu pflegen.

Begriffe formen Wirklichkeit

In den Einrichtungen werden die unterschiedlichsten Begrifflichkeiten verwendet, die die Zusammenarbeit von Fachkräften mit den Familien beschreiben. Sie reichen von „Elternarbeit“, „Elternmitwirkung“, „Partizipation und Teilhabe von Eltern“ über „Kooperation mit Eltern“ und „Zusammenarbeit mit Eltern“ bis hin zur „Bildungs- und Erziehungspartnerschaft“.

Diese unterschiedlichen Begrifflichkeiten werden oftmals von einzelnen Fachkräften oder im Team verwendet, ohne sie zu reflektieren und die damit verbundene Haltung zu überprüfen. Deswegen folgen hier ein paar Impulse und Gedankenanstöße.

> Die von uns verwendeten Begriffe formen unser Denken und nehmen Einfluss auf unsere Haltung.

In der Praxis taucht immer wieder der Begriff der „Elternarbeit“ auf. Zunächst einmal ist dieser Begriff zu eng gefasst, da es schon lange nicht mehr ausschließlich Eltern sind, die sich um die Kinder kümmern. Die Familien sind vielfältiger und facettenreicher geworden, mit „Eltern“ wird in der Regel immer noch vorrangig ein sehr traditionelles Familienkonstrukt bestehend aus Mutter und Vater verbunden.

Familie

Die Familie umfasst alle Gemeinschaften im Umfeld der Kinder, in denen Menschen miteinander in Beziehung stehen und sich für die Bildungs- und Entwicklungsbegleitung der Kinder verantwortlich zeichnen. Dies folgt der Tatsache, dass Familienformen sehr vielfältig und variabel sind, und schließt ausdrücklich unterschiedliche Lebensgemeinschaften wie Patchwork, Mehrgenerationenmodelle, Regenbogenfamilien und vieles mehr mit ein.

(vgl. Richter 2022, S. 20)

Bei Elternarbeit entsteht außerdem oftmals der Eindruck, dass man entweder die Eltern arbeiten lässt (z. B. bei Festen und Feiern o. ä.) oder sich Fachkräfte an und mit den Eltern abarbeiten. Die Zusammenarbeit wird eher als anstrengend und mühselig erlebt. Der Begriff bringt tendenziell eine Haltung zum Ausdruck, die eher auf ein asymmetrisches Verhältnis hinweist. Fachkräfte sind hier die Wissenden und Belehrenden. Der Austausch mit den Eltern und ein voneinander Lernen werden als weniger zielführend eingeschätzt. Hier und da äußern Fachkräfte in diesem Zusammenhang auch, dass die Arbeit mit den Kindern an für sich Spaß macht, wenn da nicht die Eltern wären. Eine geteilte Verantwortlichkeit zum Wohl des Kindes ist in der Regel nicht vorgesehen. Daraus ergibt sich oftmals ein Gegeneinander der Systeme. Es wird nur miteinander kommuniziert, wenn Probleme auftauchen, die vom jeweils anderen System verursacht wurden. Hier wird auch von einer „getrennten Verantwortlichkeit" gesprochen, nach der Kita und Familie separat zu betrachten sind und unterschiedliche Aufgaben und Ziele verfolgen (vgl. Herrmann & Kruse 2020, S. 19).

Mittlerweile hat sich der Begriff der „Bildungs- und Erziehungspartnerschaft" in Theorie und Praxis zunehmend etabliert. Das Konzept verspricht eine gute Zusammenarbeit zwischen primären Bindungspersonen und pädagogischen Fachkräften und ist geprägt durch „Kooperation, Offenheit, Austausch und Gleichberechtigung" (ebd., S. 20).

Erziehungs- und Bildungspartnerschaft

Die **Erziehungs- und Bildungspartnerschaft** beschreibt das Verhältnis zwischen den pädagogischen Fachkräften einer Krippe, Kita oder Tagespflegepersonen und den Eltern. Dieses Verhältnis ist geprägt von „Wechselseitigkeit, geteilte[r] Verantwortung, Dialogbereitschaft, intensive[r] Kommunikation, Kooperation auf Augenhöhe, Offenheit, Vertrauen, Respekt, Mitwirkung, Machtteilung und Gleichwertigkeit" (Betz u. a. 2019, S. 11). Die Eltern sollen dabei sowohl als primäre Bindungs- und Bezugspersonen anerkannt und wertgeschätzt sowie zugleich in ihren Erziehungskompetenzen unterstützt werden. Gemeinsames Ziel ist die bestmögliche Entwicklung und Bildung des Kindes. Die partnerschaftliche Zusammenarbeit soll dazu beitragen, dass Kinder durch Verständigungsprozesse auf Augenhöhe möglichst wenige Diskrepanzen erleben, so ihrer Umwelt mit viel Neugier begegnen können und ihnen somit weitestgehend faire Bildungschancen eröffnet werden (vgl. ebd. 2022, S. 36-40).

Es lohnt sich, die beiden Begriffe „Erziehungspartnerschaft" und „Bildungspartnerschaft" einmal näher anzuschauen. Ursprünglich entstammt der Begriff der „Bildungspartnerschaft" eher dem Bereich der formellen Bildung wie z. B. Schule, Hochschule und berufliche Bildung. Die „Erziehungspartnerschaft" wurde traditionell eher der Elementarpädagogik (Krippe und Kita) zugeordnet.

Die Verknüpfung beider Begriffe verdeutlicht den Stellenwert, der zum einen der Kita als Bildungseinrichtung zugeschrieben wird. Gleichzeitig erhält die Familie eine berechtigte Bedeutung als primärer Bildungsort (vgl. Albers & Ritter 2015, S. 28f.).

Im Unterschied zur „Elternarbeit" steht bei der „Bildungs- und Erziehungspartnerschaft" das Miteinander im Vordergrund. Pädagogische Fachkräfte und Familien begegnen sich partnerschaftlich auf Augenhöhe und bringen ihre unterschiedlichen Kompetenzen gleichberechtigt in die Entwicklungsbegleitung des Kindes mit ein.

Und genau hier steckt oftmals ein großer Stolperstein, der das Gelingen einer solchen „Partnerschaft" erschwert. Eine gelingende und vertrauensvolle „Bildungs- und Erziehungspartnerschaft" ist auf das gleichwürdige Interesse und gleichwertige Engagement beider Seiten angewiesen.

Wird in einem Team eine Bildungs- und Erziehungspartnerschaft angestrebt, kommen die Fachkräfte nicht darum herum, sich untereinander und auch mit den Familien darüber zu verständigen, was im Einzelnen unter dieser „Partnerschaft" zu verstehen ist.

Reflexionsfragen

Was verstehe ich unter Partnerschaft?

- **Was assoziiere ich mit dem Begriff „Partnerschaft"?**
- **Was lösen Begriffe wie „Spielpartner:innen", „Lebenspartner:innen" oder „Geschäftspartner:innen" in mir aus?**
- **Verstehe ich mich als Partner:in der Familien?**
- **Inwieweit sind die Familien meine Partner:innen?**
- **Wie gestaltet sich in dieser Partnerschaft die „geteilte Verantwortung" konkret?**
- **Was braucht es zum Gelingen einer solchen Partnerschaft?**
- **Wer bringt was in die Partnerschaft mit ein?**
- **Wie viel Vertrauen und Nähe braucht es für eine gelingende Partnerschaft?**
- **Was passiert mit der Partnerschaft bei einer gestörten oder fehlenden Vertrauensbasis?**

Einige Einrichtungen entscheiden sich dafür, die Zusammenarbeit mit den Eltern auch als solche zu beschreiben. Diese Krippen, Kitas und Tagespflegepersonen benennen ihr Miteinander dann konkret als „Zusammenarbeit mit den Familien der Kinder". Diese Bezeichnung setzt einerseits eine Partnerschaft, mit allem, was dazu gehört, nicht voraus und gleichzeitig schließt sie diese auch nicht aus.

Grundsätzlich können die Fachkräfte und die Familien auf ganz unterschiedliche Art und Weise zusammenarbeiten, jeder leistet seinen Beitrag entsprechend seiner Ressourcen und Kompetenzen. Das Konzept der Zusammenarbeit ermöglicht es, gemeinsame Ziele festzulegen und darauf hinzuarbeiten, ganz unabhängig von der bestehenden Beziehung zueinander. Dieser Ansatz nimmt eine ganze Portion Druck und Erwartungshaltung aus dem Beziehungsaufbau zu den Familien und anderen Beziehungspersonen der Kinder.

Im besten Fall entsteht im Laufe der Zeit eine partnerschaftliche Zusammenarbeit, die dann dadurch geprägt ist, dass:

- Ziele gemeinsam erarbeitet und bestätigt werden
- Zeit für die (Weiter-) Entwicklung der Beziehung zueinander eingeräumt wird
- gemeinsam gemachte Erfahrungen als Basis dienen
- ein gemeinsamer, sicherer Rahmen geschaffen wurde
- beide Seiten sich gleichwürdig begegnen
- die unterschiedlichen Ressourcen und Kompetenzen gleichwertig eingebracht werden können
- die Bedürfnisse aller Beteiligten gleichermaßen berücksichtigt werden

(vgl. Prott & Hautumm 2004).

Anders als bei der „Elternarbeit“ lassen sich sowohl bei einer „Bildungs- und Erziehungspartnerschaft“ als auch bei der „Zusammenarbeit von Fachkräften und Familien“ weitere Sichtweisen auf das Miteinander von Fachkräften und primären Bindungspersonen ableiten (vgl. Herrmann & Kruse 2020, S. 19f.):

- **die sequentielle Verantwortlichkeit,** bei der zunächst die primären und familiären Bindungspersonen die Aufgabe haben, die kindliche Entwicklung und Bildung zu unterstützen. Die darauf aufbauende Begleitung und Förderung übernehmen dann die pädagogischen Fachkräfte. Der Austausch zwischen beiden Seiten findet auf Augenhöhe statt und ist erwünscht.

- die eingeschlossene Verantwortlichkeit, bei der davon ausgegangen wird, dass die Erfahrungen in der Familie in unmittelbarer Wechselwirkung zu denen im System Kindertagesbetreuung stehen. Austausch und Zusammenarbeit der beiden Systeme werden als unabdingbar erachtet.

- die geteilte Verantwortlichkeit, bei der die Grundannahme besteht, dass die Systeme Familie und Kindertagesbetreuung eine gewisse Schnittmenge vorweisen, die sich im gemeinsamen Interesse an der Entwicklung des Kindes äußert.

Immer wieder stellt sich die Frage, was nun für die pädagogische Arbeit in Krippe, Kita und Kindertagespflege die sinnvollere Begrifflichkeit ist. Soll es nun eher als Bildungs- und Erziehungspartnerschaft oder als Zusammenarbeit mit den Familien bezeichnet werden?

Meines Erachtens ist der Begriff der „Zusammenarbeit von Fachkräften und Familien“ als neutraler und umfassender zu betrachten. Der Begriff „Partnerschaft“ impliziert eine gewisse Gleichberechtigung und gemeinsame Verantwortung, um die es im Kern auch geht. Jedoch kann er auch zu einer idealisierten Vorstellung führen, die möglicherweise nicht immer den realen Machtverhältnissen und Unterschieden in den Kompetenzen der beteiligten Parteien entspricht.

Die Entscheidung für den Begriff „Zusammenarbeit“ unterstreicht die Vielfalt der Beziehungen und legt den Fokus auf die Anerkennung der unterschiedlichen Rollen und Perspektiven von Fachkräften und Familien. Es ermöglicht eine flexiblere Anpassung an die individuellen Bedürfnisse und Herausforderungen jeder Familie. In der modernen Bildungswelt, die von kultureller Vielfalt und unterschiedlichen familiären Strukturen geprägt ist, bietet die Betonung der Zusammenarbeit eine integrativere Herangehensweise. Sie fördert den respektvollen Austausch von Wissen,

Erfahrungen und Ressourcen zwischen Fachkräften und Familien, um gemeinsam zum Wohl des Kindes beizutragen.

Grundsätzlich können natürlich auch die Partner einer Bildungs- und Erziehungspartnerschaft gut zusammenarbeiten. Doch um zusammenzuarbeiten, bedarf es nicht zwangsläufig einer Partnerschaft. Die Begriffe „Zusammenarbeit" und „Partnerschaft" beschreiben den zwischenmenschlichen Kontakt, den die Fachkräfte und die Familien miteinander eingehen, auf unterschiedliche Weise.

Letztlich ist wichtig, dass die Fachkraft in der Begegnung mit der Familie genau weiß, wie sie dieser entgegentritt und wie sich diese Beziehung im Einzelnen gestaltet. Dies bedarf einer gewissen Rückversicherung und Verständigung im Team.

Grundsätzlich ist feststellbar, dass diese Begriffsklärung mit Fokus auf die damit verbundene Haltung und Auslegung wichtig und sinnvoll ist. Das gilt gleichermaßen für andere geläufige Begriffe wie: „Mitsprache", „Mitwirkung", „Partizipation" oder „Kooperation" von und mit den Familien. Im Vorfeld sollte sich ein Team darauf verständigen, was dies im Einzelnen für das Miteinander von Kindertagesbetreuung und Familie ausdrückt. Dabei ist immer wieder zu klären und zu überprüfen, was für Träger, Leitung und Team verhandelbar und unverhandelbar ist: Welche gesetzlichen, konzeptionellen und einrichtungsspezifischen Vorgaben bilden den Rahmen, in dem sich das Miteinander gestaltet? Inwieweit gibt es Spielräume für die Familien, sich mit ihren Ressourcen und Kompetenzen einzubringen? Wie finden die Bedürfnisse aller Beteiligten ihren Platz?

> Als Team erweist es sich als sinnvoll, die eigenen Begrifflichkeiten gemeinsam unter die Lupe zu nehmen und herauszufinden, welche Haltung durch welchen Begriff nach außen vermittelt werden soll.

Im Folgenden wird vorrangig von der Zusammenarbeit mit den Familien die Rede sein, die es im vertrauensvollen Miteinander bedürfnisorientiert und partnerschaftlich auszugestalten gilt.

Die bedürfnisorientierte Zusammenarbeit mit Familien im erweiterten Beziehungsdreieck

Zur Umsetzung der bedürfnisorientierten Zusammenarbeit von Fachkräften und Familien ist es hilfreich, alle Beteiligten als Expert:innen für sich selbst und ihr eigenes System zu verstehen. So findet diese Zusammenarbeit immer im Beziehungsdreieck Kind, Familie und Fachkraft statt. Alle drei werden zusätzlich beeinflusst von anderen Personen und Systemen im näheren Umfeld: So haben Großeltern, Verwandte und Freunde Einfluss auf das Kind und seine Familie. Familie und Fachkraft stehen im Kontakt zu der Leitung, anderen Teammitgliedern und dem Träger. Und die Beziehung von Kind und Fachkraft hat auch immer eine wechselseitige Beziehung und Einflussnahme durch die Kindergruppe. Den großen Rahmen bilden dann ergänzend die gesetzlichen Bestimmungen für die pädagogische Arbeit in der Kita, das jeweilige soziale Umfeld im Sozialraum und die Gesellschaft mit ihren Normen und Werten im Allgemeinen. Daraus ergibt sich ein wechselseitiges großes Ganzes im erweiterten Beziehungsdreieck, das seine ganz spezifische Wirkung entfaltet.

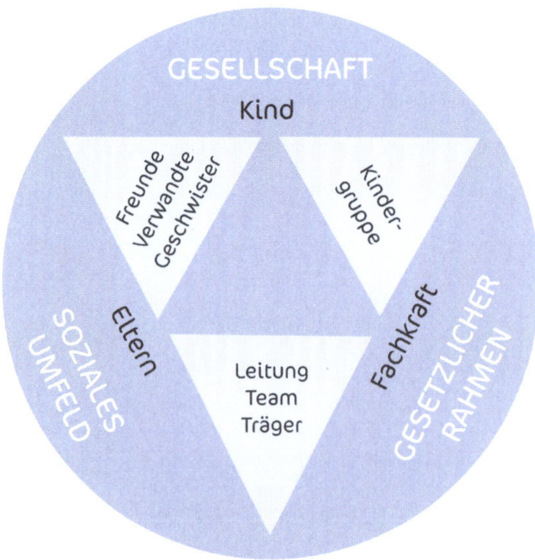

Abb. 2 Die bedürfnisorientierte Zusammenarbeit im erweiterten Beziehungsdreieck

Wenn wir uns nun auf das klassische Beziehungsdreieck konzentrieren, bringen alle Beteiligten – Fachkraft, Familie und Kind – wechselseitig ganz unterschiedliche Kompetenzen und Voraussetzungen mit in die Zusammenarbeit.

So sind die verschiedenen Bindungs- und Betreuungspersonen der Kinder als Expert:innen für das einzelne Kind zu sehen. Sie kennen seine Geschichte, in der Regel seit der Schwangerschaft bzw. Geburt. Sie sind mit den Interessen, Wünschen und Bedürfnissen sowie seinen Stärken und Schwächen vertraut. Sie haben darüber hinaus Wissen über die eigene Familienkonstellation, die Lebensumstände und die individuell zur Verfügung stehenden Kompetenzen und Ressourcen. Sie kennen das bestehende Familiensystem am besten und bringen sich dementsprechend mal mehr und mal weniger in die Zusammenarbeit ein.

Die meisten Familien erwarten von einer guten Kindertageseinrichtung, dass

- die Fachkräfte ihren Kindern eine sichere Betreuung und gute Entwicklung bieten
- ihnen Einblicke in den pädagogischen Alltag sowie über die wesentlichen Erfahrungen und Entwicklungsschritte ihres Kindes gewährt werden.

Es gibt nicht **die** Eltern!

Dabei kann nicht generell von einer homogenen Eltern- bzw. Familiengruppe ausgegangen werden. So zeigten sich in Studien im Wesentlichen drei Elterngruppen. Es gibt die Bindungspersonen,

- für die die Kindertageseinrichtung zur Persönlichkeitsentfaltung und beiläufiger Förderung der Individualität der Kinder beiträgt. Das Kind kann und darf sich frei entfalten und zu einer selbstbestimmten Persönlichkeit heranreifen. Bestehen hier wechselseitige Anerkennung und Vertrauen zwischen Fachkräften und den Bindungspersonen, wird die Unterschiedlichkeit der beiden Systeme Familie und Kita angenommen und akzeptiert. Beide

Systeme dürfen mit ihren Stärken nebeneinanderstehen und sich gegenseitig bereichern.

- für die Leistungsorientierung und Konkurrenzfähigkeit im Mittelpunkt stehen. Bindungs- und Betreuungspersonen der Kinder erwarten in diesem Fall, mit den Fachkräften Förderbündnisse schließen zu können, um das Kind in seiner Entwicklung und Leistung zu optimieren.
- für die die Kindertagesbetreuung vorrangig ein Ort der Dienstleistung ist, in der das Kind sicher betreut und möglichst nach den eigenen Vorstellungen und Idealen erzogen wird. Aus dieser Position entsteht eine gewisse Erwartungshaltung an die Ausführung und die Qualität der pädagogischen Arbeit. Sie haben den Betreuungsplatz gebucht und bezahlen in der Regel dafür. Die meisten wollen ihr Kind gut und verlässlich versorgt wissen. Nicht selten steht dahinter der Wunsch, dass sie beruhigt und guten Gewissens ihrem Beruf nachgehen können.

Aus diesen unterschiedlichen Sichtweisen und Zugängen ergeben sich in der Praxis ganz unterschiedliche Erwartungen und Bedürfnisse seitens der Bindungs- und Betreuungspersonen der Kinder, welche es in der Zusammenarbeit wahrzunehmen und zu berücksichtigen gilt.

Exkurs: Bildungsauftrag vs. Dienstleistung

Krippe, Kita und Kindertagespflege sind mittlerweile als Bildungseinrichtungen mit einem eigenständigen Bildungsauftrag anerkannt. Dieser Auftrag ist bundesweit gesetzlich verankert und wird in den verschiedenen Bildungsplänen und -vereinbarungen konkretisiert. Anders als bei der schulischen Bildung besteht in der frühkindlichen Bildung zwar ein Rechtsanspruch, aber keine Pflicht. In vielen Bundesländern ist ein Beitrag für die Betreuung der Kinder zumindest in den ersten Lebensjahren zu entrichten. Dadurch entsteht bei einzelnen Familien der Eindruck, dass die Fachkräfte als Dienstleiter:innen zu verstehen sind. Das führt nicht selten zu bestimmten Erwartungshaltungen bezüglich der Qualität und Verfügbarkeit des Angebots, für das schließlich ja bezahlt wird.

Ohne diesbezüglich die Notwendigkeit einer hohen Qualität in der frühkindlichen Bildung in Frage stellen zu wollen und gleichzeitig dem Recht der Familien auf Beteiligung und Mitsprache gerecht zu werden, ist es empfehlenswert, dass im Team, mit der Leitung und trägergestützt das konkrete Angebot der Kinderbetreuungseinrichtung klar definiert ist und transparent an die Bindungspersonen vermittelt wird. Dabei gilt es, bei der Mitwirkung, Mitbestimmung und Teilhabe von Bindungspersonen deutlich darzustellen, was innerhalb der Einrichtung verhandelbar bzw. nicht verhandelbar ist. Schließlich können die Kund:innen sich in einem Frisörladen auch nicht so ohne weiteres die Schuhe putzen lassen.

Klären Sie im Team, was für Sie verhandelbar ist und was nicht. Eine goldene Regel kann hier u. a. sein, bei Entscheidungen, die eine unmittelbare Auswirkung auf das Familiensystem haben, z.B. die Vereinbarung über den Zeitpunkt, wann die Windel weggelassen werden kann, Rücksprache zu halten. Hier sollten die Bindungspersonen aktiv miteinbezogen werden. Sobald die Wünsche der Bindungspersonen wiederum massiv in die Pädagogik und das Konzept eingreifen, sind diese nicht zwangsläufig zu erfüllen. Hier ist manchmal Abgrenzung mit der entsprechenden Erläuterung ohne Rechtfertigung wichtig.

Wenden wir uns der Seite der pädagogischen Fachkräfte zu, liegt deren Stärke darin, dass sie aufgrund ihrer langjährigen Ausbildungen das pädagogische Fachwissen mit in die Zusammenarbeit einbringen. Sie sind die Expert:innen für die Begleitung kindlicher Entwicklungs- und Lernprozesse im Gruppenkontext. Ihr Blick ist auf das Wohlbefinden des einzelnen Kindes mit Fokus auf die Interessen und das soziale Miteinander in der Gruppe ausgerichtet. Sie arbeiten familienergänzend und beraten die Bindungspersonen, wenn dies erwünscht ist.

Grundsätzlich ist die Fachkraft verantwortlich für die Gestaltung der Zusammenarbeit mit den Familien. Sie sind professionell verpflichtet, auf die Familien zuzugehen, den Austausch zu suchen, passende Rahmenbedingungen zu schaffen und eine gemeinsame Arbeitsbasis für das Miteinander zu bereiten. Die Familien hingegen können sich entscheiden, inwieweit sie das Angebot der Fachkräfte zur Zusammenarbeit annehmen und sich mit einbringen.

Für die Fachkräfte besteht die professionelle Verpflichtung zur Zusammenarbeit – für die Familien gilt das Prinzip der Freiwilligkeit.

Die Qualität der Zusammenarbeit ist dabei immer auch abhängig von der handlungsleitenden Orientierung der einzelnen Fachkraft und des Teams. So ist für die werteorientierte Fachkraft in der Regel eine partnerschaftliche und bedürfnisorientierte Zusammenarbeit mit den Familien von besonderem Interesse. Ein Miteinander auf Augenhöhe wird angestrebt und der unterschiedliche Blick auf das Kind als Bereicherung verstanden. Eine eher umsetzungsorientierte Fachkraft strebt danach, die Vorgaben des Bildungsplanes gut zu erfüllen und die Familien dabei bestmöglich zu unterstützen und zu beraten. Sie versteht sich in erster Linie als Expert:in für frühkindliche Bildung. Dabei geht nicht selten der Blick für die individuellen Möglichkeiten und Lebensumstände der einzelnen Familie verloren. Die distanzierte Fachkraft hingegen steht den Familien in Abwehr und Konkurrenz gegenüber. Sie fühlt sich nicht angemessen wertgeschätzt und empfindet die Zusammenarbeit als Belastung. Daraus entwickelt sich schnell ein Gegeneinander, bei dem letztlich das Bedürfnis des einzelnen Kindes völlig aus dem Blick gerät (vgl. Roth 2022, S. 20f.).

Im besten Fall ist sich die Fachkraft ihrer Verantwortung für die Beziehungsgestaltung in der Zusammenarbeit mit den Familien bewusst und begegnet dieser Aufgabe machtsensibel und reflektiert. Dazu gehört, anzuerkennen, dass die Beziehung von Fachkräften immer asymmetrisch zueinander ausgerichtet ist. Das bedeutet, dass die Familien von Natur aus das umfassendere Wissen über ihre Kinder haben und damit die Expert:innen für ihr eigenes Kind sind. Die Fachkräfte sind aufgrund ihrer Ausbildung die Expert:innen für frühkindliche Bildung, Entwicklung und Betreuung der Kinder im Allgemeinen. Diese Asymmetrie ist trotz aller angestrebten Gleichberechtigung und Gleichwertigkeit beider Seiten immer präsent und bedarf einer bewussten Wahrnehmung. Erst das Bewusstsein der Asymmetrie in der Beziehungsgestaltung von Fachkraft und Familie bei gleichzeitiger Bereitschaft, sich gegenseitig als Expert:innen anzuerkennen, bildet das Fundament für eine gleichwürdige Zusammenarbeit.

Gleichwürdigkeit

!

Gleichwürdigkeit bedeutet, dass die Würde jedes Menschen, egal ob Erwachsener oder Kind, respektiert und ernst genommen wird. Dazu gehört die Tatsache, dass jede Person eigene Ansichten, Wünsche und Bedürfnisse hat, die gleich wichtig sind. Gleichwürdigkeit fordert in letzter Konsequenz auch einen Respekt vor den Werten anderer, die vielleicht den eigenen widersprechen.

Eine ganz besondere Rolle nimmt in der bedürfnisorientierten Zusammenarbeit im erweiterten Beziehungsdreieck das Kind ein. Es spürt seismografisch sehr genau, ob die Fachkraft und seine Familie sich gegenseitig mit Respekt, Akzeptanz und in Gleichwürdigkeit begegnen. Durch sein intuitives Reaktionsverhalten wird es zum Spiegel der Qualität der Zusammenarbeit. Gelingt eine respektvolle Zusammenarbeit von Fachkraft und Familie, kann es tragfähige und stabile Beziehungen zu den Fachkräften aufbauen und sich gemäß der eigenen Bedürfnisse entwickeln. Mehr oder weniger offen ausgetragene Konflikte und Unstimmigkeiten zwischen den Fachkräften und seiner Familie können zu Loyalitätskonflikten führen. Äußert die Fachkraft sich abfällig über seine Familie, dann erschwert sie dem Kind den Aufbau einer sicheren Beziehung zu ihr. Umgekehrt hemmt eine der Fachkraft gegenüber negativ gestimmte Familie gleichermaßen diesen Beziehungsaufbau. Das Kind wird sich immer in erster Linie seinen primären Bindungspersonen zugehörig und verpflichtet fühlen. Auch wenn die Fachkraft ihm nicht grundsätzlich unsympathisch ist, hat es seitens der Familie nicht die Erlaubnis, sich ungezwungen auf die Fachkraft einzulassen.

Wie bereits mehrfach herausgestellt, bilden Familie und die Kindertagesbetreuung zwei unterschiedliche, sich im besten Fall ergänzende Systeme, in denen sich das Kind bewegt. Fachkraft und Familie sind im gemeinsamen Miteinander Ko-Konstrukteure eines gemeinsam gestalteten Bildungs- und Entwicklungsweges des Kindes. Dabei sollten sich die Fachkräfte und Familien stets darum bemühen, die Perspektive des Kindes einzunehmen und das Kind möglichst persönlich in die zu treffenden Entscheidungen mit einzubeziehen.

> Ein Kind hat das Recht auf Beteiligung an Entscheidungen, die es selbst betreffen.

Artikel 12 der UN Kinderrechtskonvention fordert explizit die Berücksichtigung des Kinderwillens. Demzufolge muss ein Kind bei allen Entscheidungen, die es selbst betreffen, nach seiner Meinung gefragt werden. Das wirft ein ganz neues Licht auf die Zusammenarbeit von Kindertageseinrichtung und Familie. Je nach Alter und Entwicklungsstand sollte ein Kind in vielerlei Hinsicht demzufolge konkret nach seinen Interessen und Bedürfnissen befragt werden und somit aktiv in die bedürfnisorientierte Zusammenarbeit miteinbezogen werden. In manchen Einrichtungen geschieht dies bereits in bestimmten kindgerechten Formaten getrennt von den ergänzend stattfindenden herkömmlichen Gesprächen der Fachkräfte mit den Familien. Um nicht nur über die Kinder, sondern tatsächlich mit den Kindern zu reden, lohnt es sich, über die verschiedenen Beteiligungsmöglichkeiten konkret nachzudenken (vgl. Roth 2022, S. 261ff.).

Ideen für Beteiligungsmöglichkeiten

- Das Kind in der Bring- und Abholsituation situativ in das Gespräch von Fachkraft und Bindungspersonen miteinbeziehen.
- Gespräche, in denen unterschiedliche Vorstellungen über Bekleidung, Essen oder ähnliches verhandelt werden, gemeinsam mit Beteiligung der Kinder führen, um nicht ausschließlich über ihren Kopf hinweg Entscheidungen zu treffen.
- Die Teilnahme an Entwicklungsgesprächen ermöglichen, in denen ressourcenorientiert geschaut wird, wie das Kind in seiner weiteren Entwicklung von den Fachkräften und seiner Familie begleitet und unterstützt werden kann.
- Gemeinsame Überlegungen mit dem Kind, wie es sich selbst aktiv in Bildungs- und Entwicklungsprozesse einbringen kann und will bzw. welche Lösungsideen es selbst hat.

(vgl. ebd., S. 263)

In einer Studie von Nentwig-Gesemann wurde herausgearbeitet, dass Kinder sich gerne an solchen Entscheidungsprozessen und der Entwicklung von Lösungen beteiligen. Sie bringen sich als Ideengebende und Mitwirkende in der Ausgestaltung des Lebensortes Kindertagesbetreuung ein. Nicht selten vermitteln sie auch zwischen den Lebenswelten von Familie und Kindertagesbetreuung und tragen so auch zum Miteinander von Fachkräften und ihren Familien bei. Sie schätzen es, von Erwachsenen gesehen, einbezogen und ernst genommen zu werden (vgl. ebd., S. 263f.).

Für die Zusammenarbeit im erweiterten Beziehungsdreieck ergeben sich aus der Beteiligung der Kinder neue An- und Herausforderungen an weitere Verantwortungs- und Unterstützungssysteme wie Träger, Fortbildung und Weiterbildung, die entsprechende Ressourcen für die pädagogische Weiterentwicklung stellen sollten. Für die gleichwürdige Betrachtung und das Einbeziehen des Kindes in der Zusammenarbeit von Kindertagesbetreuung und Familie bedarf es zudem auch auf gesellschaftlicher Ebene eines veränderten Bildes vom Kind.

Chancen der Beteiligung

Die Beteiligung von Kindern in der Zusammenarbeit von Fachkräften und Familien bietet Chancen und Perspektiven, die den Anforderungen einer gewaltbewussten und bedürfnisorientierten Frühpädagogik entsprechen.

Das doppelte Mandat

Nach den Paragrafen 8a und 8b SGB VIII haben Fachkräfte einen gesetzlichen Schutzauftrag den von ihnen betreuten Kindern gegenüber. Dazu wurde in der Regel eine Vereinbarung zwischen der Kindertagesbetreuung und dem jeweils zuständigen Jugendamt geschlossen, um die Gefährdungsrisiken der Kinder einzuschätzen und dem Schutzauftrag nachzukommen.

Ergibt sich in der Tageseinrichtung für Kinder ein Verdacht auf Kindeswohlgefährdung und kann dieser Verdacht auf kollegialer Ebene nicht ausgeräumt werden, wird eine insoweit erfahrene Fachkraft hinzugezogen. Gemeinsam mit dieser Person werden Vorschläge und geeignete Hilfen sowie Handlungsansätze erarbeitet, um das Gefährdungsrisiko vom Kind abzuwenden.

Auf der Ebene der bedürfnisorientierten und partnerschaftlichen Zusammenarbeit sind bei der Abschätzung des Gefährdungsrisikos und der Erarbeitung geeigneter Hilfen für das Kind, die Bindungspersonen miteinzubeziehen. Es ist hierbei abzuwägen, inwieweit das Einbeziehen der Familie nicht den Schutz des Kindes gefährdet.

Zeigen sich die Familien in einem solchen Prozess kooperativ und sind bereit, angebotene Maßnahmen anzunehmen und mit umzusetzen, kann trotz aller Schwierigkeiten und Herausforderungen eine gute Zusammenarbeit zum Wohle des Kindes stattfinden.

Ist das Einbeziehen der Bindungspersonen aus unterschiedlichsten

Gründen nicht möglich, z. B. wegen der Schwere des Gefährdungsrisikos, fehlender Bereitschaft oder eingeschränkter Kompetenzen, die angebotenen Hilfen anzunehmen und wirksam umzusetzen, dann ist auch gegen das Einverständnis der Bindungspersonen das Jugendamt zu informieren. Besteht eine akute Gefährdung wird die Benachrichtigung des Jugendamtes bzw. der Polizei zwingend erforderlich.

Aufgrund dieser Verpflichtung sind die Fachkräfte, trotz angestrebter partnerschaftlicher und bedürfnisorientierter Zusammenarbeit mit den Familien, durch das Gesetz und von der Gesellschaft dazu angehalten, immer auch ein gewisses Maß an Kontrolle den Bindungspersonen gegenüber walten zu lassen – ein weiterer Hinweis auf eine gewisse Asymmetrie in der Zusammenarbeit, die ein großes Maß an Fingerspitzengefühl erforderlich macht (vgl. Dusolt 2018, S. 74ff.).

Der Fachkraft obliegt hier ein sogenanntes doppeltes Mandat. Zum einen ist sie seitens der Familie für die Entwicklungsbegleitung und Betreuung des Kindes beauftragt, wozu die enge und vertrauensvolle Zusammenarbeit von Fachkraft und Familie ein wichtiges Fundament bildet. Zum anderen ist die Fachkraft von öffentlicher Seite dazu beauftragt, die Familie dahingehend zu beobachten, zu kontrollieren und zu beraten, dass das Kind auch in seiner Familie ein geeignetes Umfeld zum Lernen und zur persönlichen Weiterentwicklung vorfindet und das Kindeswohl gesichert ist.

Jegliches Gefährdungsrisiko ist von der Fachkraft zu melden. Damit verstößt sie weder gegen datenschutzrechtliche Vorschriften, noch kann sie wegen übler Nachrede belangt werden (vgl. Müller-Kabisch 2018, S. 33f.).

Für das Kind **heißt** **nicht** per se ***gegen*** die Bindungspersonen.

Durch das doppelte Mandat treffen unterschiedliche Interessenspositionen aufeinander und aufgrund der Komplexität dieser verschiedenen Interessen gerät die pädagogische Fachkraft nicht selten in ein Dilemma. Das lässt sich nur dadurch auflösen, dass sie sich als Vertreter:in des Kindes versteht, der/die sich für das Kind und seine Bedürfnisse einsetzt und damit nicht per se gegen die Bindungspersonen handelt.

Im besten Fall ist die Fachkraft in der Lage, der Familie zu vermitteln, dass es bei allem, was zu tun ist, dies nicht gegen die Bindungspersonen gerichtet ist. Das kann gelingen, wenn sie in einem guten und möglichst wertfreien Kontakt mit der betroffenen Familie steht. Letztlich geht es hier um die Wahrung der Rechte des Kindes unter Einbeziehung, was die einzelne Familie selbst braucht, um das eigene Kind angemessen und entwicklungsförderlich begleiten zu können.

Grundannahmen für eine bedürfnisorientierte und partnerschaftliche Zusammenarbeit mit Familien

Zunächst einmal sind einige Grundannahmen für die Sichtweise und Haltung der Fachkraft wichtig, die zum Gelingen einer bedürfnisorientierten und partnerschaftlich gestalteten Zusammenarbeit mit den Familien beitragen (vgl. Fialka 2010, S. 20).

> Die Wahrnehmung jedes Menschen ist hoch individuell und subjektiv.

In der Zusammenarbeit von Fachkräften und Familien treffen unterschiedliche Sichtweisen und Blickwinkel aufeinander, die von dem jeweiligen Erlebnis- und Erfahrungshintergrund beeinflusst werden. In der Pädagogik und Psychologie wird dieser Mechanismus auch als konstruktivistisch bezeichnet. Der Konstruktivismus beschäftigt sich wissenschaftlich mit der Frage, wie der Mensch Dinge wahrnimmt, wie er Wissen und Informationen aufnimmt und wie er diese in einem subjektiven und individuellen Verarbeitungsprozess organisiert. Aufgrund dieser Verarbeitungsprozesse nimmt jeder Mensch seine Umgebung mit seinem ganz eigenen Fokus wahr, bewertet sie und handelt dementsprechend. Ein wesentlicher Grundgedanke des Konstruktivismus besteht darin, dass die Wahrnehmung hoch individuell und subjektiv ist. Das erklärt, warum es immer wieder zu Missverständnissen kommt, wenn der jeweilige Perspektivwechsel nicht stattfindet. Durch das Bewusstsein der Fachkraft für diese Mechanismen kann sie sich gegebenenfalls anders auf den Fokus der Familien einlassen und auch die Familien selbst zu einem Perspektivwechsel anregen.

Familien möchten verstehen, was von ihnen erwartet wird.

Direkt zu Beginn der Zusammenarbeit mit den Familien wird deutlich, dass die Bindungs- und Betreuungspersonen in der Regel verstehen möchten, was von ihnen und ihren Kindern erwartet wird. Dieses Bedürfnis zieht sich wie ein roter Faden durch die folgenden Jahre, die ein Kind die Kindertageseinrichtung besucht. Dies gelingt am besten durch Hinhören und den offenen Dialog. Das erfordert eine möglichst transparente Arbeits- und Kommunikationsweise, die den Familien Einblick in die pädagogische Arbeit und den Alltag gewährt. Es braucht möglichst konkrete Absprachen und Vereinbarungen. Gerade zu Beginn sollten sich die Fachkräfte als Lots:innen im Ankommensprozess anbieten. Bleiben wir im Bild der Lots:innen kennen diese das für die Familien zunächst unbekannte Gewässer am besten und begleiten diese mit ihrem Wissen in den sicheren Hafen und machen auf mögliche Schwierigkeiten und Engpässe aufmerksam. Dabei behalten die Familien das Steuer für ihr Schiff die ganze Zeit selbst in der Hand, bis alle Beteiligten sicher angekommen sind (vgl. Cantzler 2022b, S. 37).

Die Familien möchten ernst genommen werden.

In der bedürfnisorientierten Zusammenarbeit mit Familien steht die grundlegende Annahme im Vordergrund, dass Familien sich wünschen, von pädagogischen Fachkräften ernst genommen zu werden. Diese Essenz bildet das Herzstück einer erfolgreichen partnerschaftlichen Beziehung zueinander. Die Familien der Kinder sehnen sich nach Wertschätzung für ihre Rolle und Bedeutsamkeit in der kindlichen Entwicklung und möchten als kompetente Mitgestalter im Bildungsprozess ihrer Kinder wahrgenommen werden. Die Anerkennung ihrer Erfahrungen, Werte und individuellen Perspektiven bildet das Fundament für eine vertrauensvolle Zusammenarbeit, die letztendlich das Wohlbefinden und die Entwicklung der Kinder fördert. Es ist daher von zentraler Bedeutung, die Bedürfnisse der Familien zu verstehen und auf Augenhöhe zu kommunizieren, um eine partnerschaftliche Basis zu schaffen, die von Respekt und Verständnis geprägt ist.

> Die Familien möchten ihre Aufgabe in der Bildungs- und Entwicklungsbegleitung ihrer Kinder gut machen. Dabei geben sie immer ihr Bestes.

Die tiefe Verwurzelung im Bestreben, die Bildungs- und Entwicklungsbegleitung ihrer Kinder erfolgreich zu gestalten, wird von der weiteren Annahme begleitet, dass Familien stets ihr Bestes geben. Dabei setzen sie die ihnen zur Verfügung stehenden Ressourcen und Energien ein, um den individuellen Bedürfnissen ihrer Kinder gerecht zu werden. Diese Hingabe spiegelt sich in vielfältigen Formen wider, sei es durch emotionale Unterstützung, aktive Beteiligung an Aktivitäten oder die Förderung von individuellen Interessen ihrer Kinder. Die Anerkennung der Anstrengungen, die Familien täglich unternehmen, um ihren Kindern eine positive Entwicklungsumgebung zu bieten, bildet einen Schlüsselaspekt in der bedürfnisorientierten Zusammenarbeit. Die der Familie aktuell zur Verfügung stehenden Ressourcen und Kompetenzen können dabei aus fachlicher Sicht auf das Kind eventuell zu wenig sein. Dieser scheinbare Mangel sollte jedoch nicht als Indikator für mangelndes Engagement oder fehlendes Interesse interpretiert werden. In der Krippe, Kita und Kindertagespflege ist es unerlässlich, die verschiedenen Lebensrealitäten der Familien zu verstehen und anzuerkennen. Jede Familie braucht das Gefühl, als gleichberechtigter Partner anerkannt zu sein. Durch eine einfühlsame und unterstützende Herangehensweise können Fachkräfte dazu beitragen, die elterlichen Bemühungen zu stärken und eine vertrauensvolle Partnerschaft aufzubauen, die auf dem gemeinsamen Ziel basiert, die bestmögliche Bildung und Förderung für jedes Kind zu gewährleisten.

Die bedürfnisorientierte Zusammenarbeit mit Familien beinhaltet die grundlegende Überzeugung, dass Unterstützung und Hilfe bereitstehen, wenn sie gebraucht werden. Pädagogische Fachkräfte sollten grundsätzlich davon ausgehen, dass jede Familie ihre eigenen Herausforderungen und individuellen Bedürfnisse hat. Die Sensibilität gegenüber den vielfältigen Lebensumständen ermöglicht es, eine unterstützende Umgebung zu schaffen, in der Familien offen über ihre Anliegen sprechen können. Durch regelmäßige Kommunikation und den Aufbau von Vertrauen werden Fachkräfte zu verlässlichen Ansprechpartner:innen, die bereit sind, bei Fragen, Unsicherheiten oder konkretem Hilfebedarf zu unterstützen. Dieser unterstützende Rahmen schafft eine Atmosphäre, in der sich Familien ermutigt fühlen, ihre Bedürfnisse zu äußern, und ermöglicht eine gezielte Zusammenarbeit, die darauf abzielt, die individuelle Entwicklung und das Wohlbefinden jedes Kindes nachhaltig zu fördern.

> Die Familien möchten Hilfe und Unterstützung erhalten, wenn sie sie brauchen.

Die bedürfnisorientierte Zusammenarbeit mit Familien reflektiert auch die Erkenntnis, dass Familien oft ungefragt mit gut gemeinten Ratschlägen von Freund:innen, Verwandten und völlig fremden Menschen in den unterschiedlichsten Lebenslagen konfrontiert werden. Pädagogische Fachkräfte erkennen die Bedeutung an, den individuellen Erfahrungsschatz und die Autonomie der Familien zu respektieren. In einer Welt, in der gut gemeinte Ratschläge allgegenwärtig sind, ist es entscheidend, einen Raum zu schaffen, in dem Eltern selbstbestimmt entscheiden können, welche Form der Unterstützung für ihre Familie am besten geeignet ist. Durch eine offene Kommunikation und das Bewusstsein für die Vielfalt von Lebenssituationen wird vermieden, dass Familien sich bevormundet fühlen. Dies fördert eine respektvolle Partnerschaft, in der Fachkräfte nicht nur als Wissensvermittler:innen, sondern als einfühlsame Begleiter:innen agieren, die die Selbstbestimmung und Entscheidungsfreiheit der Familien wertschätzen.

> Familien wollen nicht ständig ungefragt mit gut gemeinten Ratschlägen konfrontiert werden.

Familien wünschen sich Unvoreingenommenheit und Fehlerfreundlichkeit.

In der bedürfnisorientierten Zusammenarbeit mit Familien ist die Annahme zentral, dass Familien sich Unvoreingenommenheit und Fehlerfreundlichkeit wünschen. Dies bedeutet, dass pädagogische Fachkräfte bereit sind, ohne vorgefasste Urteile auf Familien zuzugehen und ihre individuellen Lebenswege zu verstehen. In einer Atmosphäre der Unvoreingenommenheit können Eltern offen über ihre Erfahrungen, Sorgen und Ziele sprechen, ohne Angst vor Vorurteilen oder Verurteilung. Gleichzeitig schließt die Fehlerfreundlichkeit die Erkenntnis ein, dass kein Mensch, auch die Fachkraft nicht, fehlerfrei ist. Die Bereitschaft, aus Fehlern zu lernen, und die Chance auf einen Neuanfang sind integraler Bestandteil dieses Ansatzes. Familien sollen sich ermutigt fühlen, sich weiterzuentwickeln, ohne sich für vergangene Entscheidungen verurteilen lassen zu müssen. Dies schafft eine unterstützende Umgebung, in der Familien offen über ihre Bedürfnisse sprechen können und die Möglichkeit erhalten, gemeinsam mit den Fachkräften neue Wege zu gehen.

Familien möchten in Entscheidungen, die ihr Kind betreffen, einbezogen werden.

Eine weitere grundlegende Annahme in der bedürfnisorientierten Zusammenarbeit mit Familien ist, dass diese den Wunsch haben, in Entscheidungen, die ihre Kinder betreffen, aktiv einbezogen zu werden. Pädagogische Fachkräfte verstehen, dass Familien eine einzigartige Perspektive auf die Bedürfnisse und Stärken ihrer Kinder haben. Daher ist es von entscheidender Bedeutung, eine partnerschaftliche Entscheidungskultur zu fördern, in der Familien als gleichberechtigte Partner wahrgenommen werden. Dies beinhaltet den regelmäßigen Austausch über pädagogische Ansätze, individuelle Entwicklungsmöglichkeiten und andere relevante Themen. Die Einbeziehung der Eltern in diesen Prozess stärkt nicht nur ihre Verbundenheit mit Krippe, Kita und Kindertagespflege als Bildungseinrichtungen, sondern schafft auch eine umfassendere und bedürfnisgerechtere Bildungs- und Entwicklungsbegleitung für die Kinder. Durch diesen partizipativen Ansatz wird die Zusammenarbeit zu einer gemeinsamen Reise, bei der

Fachkräfte und Familien gemeinsam die bestmöglichen Entscheidungen für das Wohl der Kinder treffen.

Individuellem ist individuell zu begegnen, weil jede Familie einer anderen Familienkultur entstammt.

Jede Familie bringt eine einzigartige Geschichte, Kultur und Dynamik mit sich. Es ist unerlässlich, diese Individualität zu respektieren und als wertvolle Ressource zu betrachten. Fachkräfte sollten sich bewusst sein, dass eine standardisierte Vorgehensweise nicht zielführend ist. Neben der pädagogisch fachlichen Expertise bedarf es seitens der pädagogischen Fachkraft die Bereitschaft, jeder Familie ganz individuell und auf persönlicher Ebene zu begegnen.

Um die einzelnen Familien besser verstehen zu können, ist es wichtig, sich mit der jeweiligen Familienkultur auseinanderzusetzen. Diese Familienkultur entwickelt sich aus der Alltagspraxis einer Familie und ist wie ein „Mosaik von Gewohnheiten, Deutungsmustern, Traditionen und Perspektiven […], in das auch Erfahrungen mit Herkunft, Sprache(n), Behinderungen, Geschlecht, Religion, sexuelle Orientierung, sozialer Klasse usw. einhergehen“ (Wagner 2003, S. 42), zu verstehen. Die eigene Familienkultur dient einer jeden Familie als persönliche Orientierung, um sich in der Komplexität unserer Welt zurechtzufinden. Dabei befinden sich die Familien immer auch im Spannungsfeld der eigenen, zum Teil über Generationen hinweg geprägten und dennoch weiterentwickelten Familienkultur und der in der Gesellschaft bestehenden sogenannten Dominanzkultur. Letztere gibt vor, welche Familienformen, Erziehungsnormen, Herkünfte, Sprachen, sexuelle Orientierungen etc. gesellschaftlich anerkannt oder entwertet werden (vgl. Naumann 2011, S. 121).

Die Auseinandersetzung mit der jeweiligen Familienkultur, die die Familien und ihre Kinder prägen, trägt bei der Fachkraft zum Verständnis für Fühlen, Denken und Handeln der Familien bei. Auch die Fachkraft kann sich im Kontakt mit den Familien leichter orientieren und gegebenenfalls die Bedürfnisse der Familien besser wahrnehmen und nachvollziehen.

In der partnerschaftlichen Zusammenarbeit mit den Bindungspersonen der Kinder sind jedoch nicht nur deren Geschichten, Kulturen und Vorstellungen zu berücksichtigen, auch die pädagogischen Fachkräfte haben ihre eigenen, die sie mehr oder weniger reflektiert mit einbringen.

Kommunikation ist alles. Ohne Kommunikation ist alles nichts.

Bereits Paul Watzlawick stellte fest, dass man nicht nicht kommunizieren kann. Und so ist es auch in der bedürfnisorientierten Zusammenarbeit mit den Familien. Das Ob hat hier ebenso viel Bedeutung, wie das Wie. Jedes Wort und seine Betonung, jede Geste, Mimik und Körperhaltung bringen wesentliches zum Ausdruck, was zu beachten ist.

Kommunikation schafft die Brücke zwischen dem häuslichen Umfeld und der Tageseinrichtung. Der offene Dialog ermöglicht, individuelle Bedürfnisse, Gewohnheiten und Besonderheiten jedes Kindes und seiner Familie besser zu verstehen. Hierbei spielt nicht nur der formelle Austausch, beispielsweise im Rahmen von Elterngesprächen, eine Rolle, sondern auch informelle Kommunikationswege wie kurze Gespräche beim Bringen und Abholen. Dies fördert nicht nur die elterliche Beteiligung am Bildungsprozess, sondern ermöglicht auch eine kontinuierliche und situative Anpassung der pädagogischen Arbeit.

Durch einen offenen Dialog können Erwartungen, Sorgen und Bedenken besprochen werden. Dafür ist es unabdingbar, dass sich alle Gesprächspartner:innen gleichwürdig begegnen und niemand sein Gegenüber verurteilt oder bewertet für das, was er/sie sagt. Gerade hier liegt häufig die Wurzel für Kommunikationsprobleme. Denn nur weil zwei Personen zueinander sprechen, führen sie nicht grundsätzlich einen echten Dialog miteinander. Nicht selten besteht ein Gespräch lediglich aus Rede und Gegenrede oder eine Seite führt einen Monolog, bei dem das Gegenüber nicht zu Wort kommt (vgl. Glöser 2019, S. 38). Es braucht viel Einfühlungsvermögen und Fingerspitzengefühl seitens der Fachkraft, um eine gute Kommunikationsebene herzustellen.

Erforderliche Kompetenzen der Fachkraft

Eine Frage der Haltung

Die partnerschaftliche und bedürfnisorientierte Zusammenarbeit mit den Familien ist immer auch eine Frage der Haltung und des Menschenbildes, mit welchem Fachkräfte den Familien und Kindern begegnen. Um zum Gelingen beizutragen, bedarf es einer Vielzahl an Kompetenzen seitens der Fachkraft.

Die Zusammenarbeit mit den Familien der Kinder erfordert ein breites Spektrum an Kompetenzen von pädagogischen Fachkräften. Diese Kompetenzen spielen eine entscheidende Rolle:

- Radikale Neugierde: Die radikale Neugierde der pädagogischen Fachkraft gegenüber den Familien ist eine entscheidende Kompetenz für eine erfolgreiche partnerschaftliche und bedürfnisorientierte Zusammenarbeit. Diese Form der Neugierde geht über oberflächliches Interesse hinaus und zeigt ein tiefgehendes Engagement, die individuellen Bedürfnisse, Werte und Lebensumstände der Familien verstehen zu wollen. Durch einen respektvollen und einfühlsamen Dialog kann die pädagogische Fachkraft Einblicke gewinnen, die über rein professionelle Aspekte hinausgehen, und eine vertrauensvolle Beziehung aufbauen. Die Fähigkeit, sich in die Perspektive der Familien hineinzuversetzen, ermöglicht eine bedarfsgerechte Gestaltung der pädagogischen Arbeit.

- Kommunikative Kompetenzen: Wie bereits im vorausgegangenen Kapitel näher beschrieben sollten pädagogische Fachkräfte über ausgeprägte kommunikative Fähigkeiten verfügen. Dies umfasst nicht nur das Vermitteln von Informationen, sondern auch das Hinhören, Verstehen und Einfühlen in die Bedürfnisse und Anliegen der Eltern.

Dabei ist es wichtig, sich immer wieder vor Augen zu führen, dass das Gegenüber anders denkt, fühlt und handelt als die Fachkraft selbst. Wird diese Tatsache im Dialog vernachlässigt, kommt es schnell zu Missverständnissen.

> Einer der größten Fehler, den wir machen, ist, dass wir davon ausgehen, dass der andere fühlt und denkt wie wir selbst.

- **Genaues und reflektierendes Hinhören:** Eine weitere Kompetenz für pädagogische Fachkräfte ist das genaue und reflektierende Hinhören. Dies geht über bloßes Verstehen hinaus und beinhaltet die Fähigkeit, nicht nur die Worte der Gesprächspartner:innen aufzunehmen, sondern auch die Ziele, Erwartungen und Befürchtungen zu erfassen. Dadurch können Missverständnisse vermindert und das Vertrauen zwischen den Gesprächsbeteiligten gestärkt werden. Reflektierendes Hinhören ermöglicht es, Bedürfnisse und Anliegen sensibel aufzugreifen und mit in die pädagogische Planung und Umsetzung einzubeziehen.

- **Empathie und Sensibilität:** Die Empathie und Sensibilität der pädagogischen Fachkraft spielen eine zentrale Rolle in der bedürfnisorientierten Zusammenarbeit mit Familien. Empathie ermöglicht es, sich in die Lage der Familien zu versetzen und ihre Gefühle nachzuvollziehen, was eine tiefere Verbundenheit schafft. Sensibilität gegenüber kulturellen, sozialen und individuellen Unterschieden ist dabei unerlässlich. Diese Fähigkeiten ermöglichen es der Fachkraft, bedürfnisgerechte Unterstützung anzubieten und wertschätzende Beziehungen mit den Familien und Kindern aufzubauen. Eine empathische Herangehensweise fördert das Vertrauen der Familien und erleichtert den offenen Austausch über ihre Bedürfnisse, Ängste und Erwartungen. Letztlich trägt die Kombination von Empathie und Sensibilität dazu bei, dass die pädagogische Arbeit nicht nur effektiv, sondern auch einfühlsam und individuell auf die Bedürfnisse jeder Familie abgestimmt ist.

- **Interkulturelle Kompetenz und Vorurteilsbewusstsein:** In einer vielfältigen Gesellschaft ist es wichtig, interkulturelle Kompetenzen zu besitzen, um eine erfolgreiche bedürfnisorientierte Zusammenarbeit mit Familien unterschiedlicher kultureller Hintergründe zu gewährleisten. Der respektvolle Umgang mit kultureller Vielfalt und die Anerkennung unterschiedlicher Wertehaltungen bilden die Grundlage für eine effektive Interaktion. Die Fachkraft sollte in der Lage sein, kulturelle Besonderheiten zu erkennen, ohne dabei in Stereotype zu verfallen. Dies erfordert eine Offenheit für vielfältige Perspektiven und die Bereitschaft zur Reflexion eigener kultureller Vorannahmen. Pädagogische Fachkräfte sollten sich bewusst sein, wie persönliche Vorurteile ihre Wahrnehmung beeinflussen können, und sich aktiv darum bemühen, diese zu hinterfragen. Diese Selbstreflexion ermöglicht eine offene und vorurteilsfreie Kommunikation, fördert das Verständnis für diverse Perspektiven und unterstützt eine respektvolle Zusammenarbeit mit Familien unterschiedlicher Hintergründe. Durch das Vorurteilsbewusstsein schaffen Fachkräfte eine inklusive Umgebung, in der Vielfalt als Bereicherung betrachtet wird.

  Die Sensibilität für kulturelle Unterschiede erstreckt sich über verschiedene Aspekte, einschließlich Sprache, religiöse Praktiken, Erziehungsstile und Traditionen. Durch das Einbeziehen kultureller Aspekte in die pädagogische Planung und Kommunikation kann die Fachkraft eine Umgebung schaffen, die für alle Familien inklusiv und zugänglich ist. Eine interkulturelle Kompetenz fördert nicht nur ein harmonisches Miteinander, sondern stärkt auch das Vertrauen und die Akzeptanz zwischen der pädagogischen Einrichtung und den Familien. Insgesamt trägt die Berücksichtigung interkultureller Kompetenz maßgeblich dazu bei, eine bedürfnisorientierte Zusammenarbeit zu ermöglichen, die den individuellen kulturellen Hintergründen gerecht wird.

> Eine partnerschaftliche und bedürfnisorientierte Zusammenarbeit gelingt dann, wenn alle Beteiligten einander zuhören und sich gegenseitig weniger beurteilen.

- **Diskriminierungskritische Haltung:** Die Notwendigkeit einer diskriminierungskritischen Haltung in der pädagogischen Arbeit ist von herausragender Bedeutung, um eine inklusive und gerechte Zusammenarbeit mit Familien zu gewährleisten. Pädagogische Fachkräfte sollten sich aktiv gegen jegliche Form von Diskriminierung positionieren und sensibel für strukturelle Ungleichheiten sein. Durch eine kritische Reflexion von eigenen Annahmen und Verhaltensweisen können Fachkräfte dazu beitragen, diskriminierende Praktiken aufzudecken und zu vermeiden. Das bedeutet auch, die Bedürfnisse von marginalisierten Gruppen wahrzunehmen und sicherzustellen, dass alle Familien sich respektiert und unterstützt fühlen. Fachkräfte sollten bestrebt sein, Stereotype zu durchbrechen und eine Umgebung zu schaffen, die Vielfalt und Gleichberechtigung fördert. Letztlich trägt eine diskriminierungskritische Haltung dazu bei, eine pädagogische Praxis zu etablieren, die die individuellen Bedürfnisse aller Familien ernst nimmt und dazu beiträgt, gesellschaftliche Ungleichheiten schrittweise aufzulösen.

- **Ambiguitätstoleranz:** Des Weiteren spielt die Ambiguitätstoleranz der pädagogischen Fachkräfte eine entscheidende Rolle in der bedürfnisorientierten Zusammenarbeit mit Familien. Diese Kompetenz bezieht sich auf die Fähigkeit, Unsicherheiten und Mehrdeutigkeiten zu akzeptieren und konstruktiv mit ihnen umzugehen. In einer vielfältigen und sich ständig verändernden Gesellschaft können sich unterschiedliche Sichtweisen und Erziehungsansätze ergeben.

  Fachkräfte mit hoher Ambiguitätstoleranz sind in der Lage, mit Widersprüchlichkeiten und unterschiedlichen Auffassungen umzugehen, ohne vorschnell Urteile zu fällen. Sie schaffen einen Raum für einen offenen Dialog und respektieren, dass es verschiedene Wege gibt, um Bedürfnisse zu erfüllen und Erziehungsziele zu verfolgen. Diese Toleranz gegenüber Unsicherheiten ermöglicht eine flexiblere Anpassung der pädagogischen Praxis an die individuellen Bedürfnisse und Lebensumstände der Familien.

- **Ambivalenzmanagement:** Das Ambivalenzmanagement bezieht sich auf die Fähigkeit, mit widersprüchlichen Gefühlen und Meinungen umzugehen, sowohl auf Seiten der Bindungspersonen als auch der Fachkräfte. In der Zusammenarbeit mit den Familien treffen nicht selten unterschiedliche Erwartungen und Bedürfnisse aufeinander und daraus können ambivalente Gefühle bezüglich bestimmter Entscheidungen oder Handlungsweisen hervortreten. Pädagogische Fachkräfte sollten in der Lage sein, diese Ambivalenzen zu erkennen, zu akzeptieren und konstruktiv damit umzugehen. Dies erfordert eine einfühlsame Kommunikation und die Bereitschaft, unterschiedliche Perspektiven zu akzeptieren. Ein ausgewogenes Ambivalenzmanagement trägt dazu bei, die Beziehung zu den Familien zu festigen und gemeinsam tragfähige Lösungen zu finden.

- **Kooperationsfähigkeit:** Die Kooperationsfähigkeit der pädagogischen Fachkräfte bildet das Rückgrat einer erfolgreichen Zusammenarbeit mit Familien. Diese Kompetenz beinhaltet die Fähigkeit, partnerschaftlich und effektiv mit Eltern und Erziehungsberechtigten zu interagieren. Eine kooperationsbasierte Haltung zeichnet sich durch Offenheit, Respekt und den Willen zur Zusammenarbeit aus.

  Die Fachkräfte sollten aktiv auf die Familien zugehen, ihre Perspektiven wertschätzen und ihre Expertise mit der Erfahrung der Eltern verbinden. Dies erfordert nicht nur die Bereitschaft zum Dialog, sondern auch die Fähigkeit, gemeinsame Ziele zu identifizieren und konstruktiv an ihrer Umsetzung zu arbeiten. Die Kooperationsfähigkeit ermöglicht eine effiziente Informationsübermittlung und eine gemeinsame Reflexion über pädagogische Ansätze, was letztendlich die Qualität der Lern- und Entwicklungsbegleitung der Kinder verbessert. Durch eine ausgeprägte Kooperationsfähigkeit können pädagogische Fachkräfte eine partnerschaftliche Zusammenarbeit mit Familien aufbauen, die auf Vertrauen und gegenseitigem Respekt basiert. Dies fördert nicht nur das Wohlbefinden der Kinder, sondern stärkt auch die gemeinsame Verantwortung für deren Entwicklung.

Jeder ernst genommene Widerstand birgt die Chance zu mehr gegenseitigem Verständnis.

- **Umgang mit Widerstand:** Der professionelle Umgang mit Widerstand ist eine essentielle Kompetenz für pädagogische Fachkräfte in der Zusammenarbeit mit den Familien der Kinder. Es ist normal, dass es unterschiedliche Meinungen und gelegentlich auch Widerstand seitens der Familien gibt. Der konstruktive Umgang mit diesem Widerstand stellt eine bedeutende Herausforderung in der pädagogischen Arbeit dar und erfordert eine sensible Herangehensweise der Fachkräfte. Widerstand seitens der Familien kann unterschiedliche Ursachen haben, sei es aufgrund von Unverständnis, unterschiedlichen Werthaltungen oder individuellen Bedenken. Es ist essentiell, Widerstand nicht als Ablehnung, sondern als Möglichkeit zur vertieften Kommunikation zu begreifen.

  Pädagogische Fachkräfte sollten einfühlsam auf die Gründe des Widerstands eingehen, um diese besser zu verstehen. Die Fähigkeit zur Selbstreflexion spielt dabei eine zentrale Rolle, um eigene Haltungen und mögliche Missverständnisse zu identifizieren. Durch einen dialogorientierten Ansatz können Fachkräfte den Raum für eine offene Diskussion schaffen und gemeinsam mit den Familien nach Lösungen suchen.

  Es ist wichtig zu betonen, dass der Umgang mit Widerstand eine langfristige Aufgabe ist. Die kontinuierliche Pflege der Beziehung zu den Familien sowie das Anbieten von unterstützenden Ressourcen können dazu beitragen, Vertrauen aufzubauen und gemeinsame Ziele zu finden. Insgesamt ermöglicht ein respektvoller und einfühlsamer Umgang mit Widerstand eine nachhaltige Zusammenarbeit, die auf Verständnis und partnerschaftlicher Kommunikation basiert.

- **(Selbst-)Reflexionsfähigkeit:** Die Fähigkeit zur (Selbst-)Reflexion ermöglicht es pädagogischen Fachkräften, ihr eigenes Fühlen, Denken und Handeln und das der anderen kritisch zu hinterfragen.

  Die (Selbst-)Reflexionsfähigkeit der pädagogischen Fachkräfte ist von zentraler Bedeutung für eine kontinuierliche berufliche

Weiterentwicklung. Durch die Fähigkeit zur Selbstreflexion können Fachkräfte ihre eigenen Überzeugungen, Wertvorstellungen und Handlungen näher beleuchten. Dies ermöglicht nicht nur ein tieferes Verständnis der eigenen pädagogischen Praxis, sondern fördert auch die Sensibilität für unterschiedliche Perspektiven.Die Selbstreflexion erlaubt es Fachkräften, ihre Stärken zu erkennen und gezielt auszubauen, während sie gleichzeitig an Schwächen arbeiten. Diese Fähigkeit trägt nicht nur zur persönlichen Entwicklung bei, sondern verbessert auch die Qualität der pädagogischen Arbeit insgesamt. Darüber hinaus unterstützt die Bereitschaft zur (Selbst-)Reflexion den Aufbau vertrauensvoller Beziehungen zu Familien, da sie Offenheit und Lernbereitschaft signalisiert. Dies ist entscheidend für eine stetige Verbesserung der Zusammenarbeit. Dazu gehört auch die Bereitschaft, sich mit der eigenen Biografie auseinanderzusetzen, um die eigenen Gefühle und dahinterstehende Bedürfnisse besser einordnen zu können. Insgesamt bildet die (Selbst-) Reflexionsfähigkeit eine zentrale Grundlage für eine effektive und bedürfnisorientierte pädagogische Praxis.

- **Fachliche Expertise:** Und zu guter Letzt ist ein solides und umfangreiches Fachwissen im Bereich der frühkindlichen Bildung und Entwicklung unerlässlich, um den steigenden Anforderungen gerecht zu werden und eine qualitativ hochwertige Begleitung und Beratung der Familien zu gewährleisten.

  Die sich stetig wandelnden Erkenntnisse im Bereich der Pädagogik erfordern eine kontinuierliche Auseinandersetzung und Anpassung der pädagogischen Praxis. Durch regelmäßige Weiterbildungen bleiben Fachkräfte auf dem aktuellen Stand von Forschung und Methodik der Pädagogik. Zudem stärkt die fachliche Expertise das Vertrauen der Familien in die pädagogische Einrichtung.

(vgl. Zehbe & Sonnenberg 2021, S. 8ff.)

2 „Das ist hier kein Elterngarten!“ Familien wollen sich wohlfühlen können

Für das Gelingen einer bedürfnisorientierten und partnerschaftlichen Zusammenarbeit von Familien und Fachkräften ist es wichtig, dass beide Seiten sich miteinander wohlfühlen und sich gegenseitig offen und herzlich begegnen. In der Praxis gibt es bedauerlicherweise immer wieder Fachkräfte, denen aus den unterschiedlichsten Gründen, die Anwesenheit von Eltern eher unangenehm ist. In diesen Einrichtungen wird darauf geachtet, dass die Bindungspersonen beim Bringen und Abholen sich möglichst kurz oder gar nicht in der Kita aufhalten. Nicht selten wird diese Praktik damit argumentiert, dass die so gestaltete Übergangssituation für Kinder und Familien klarer und einfacher ist. Die Förderung der Selbstständigkeit des Kindes spielt hierbei oftmals eine große Rolle. Solange dieser Übergang immer wieder mit Blick auf die Bedürfnisse des einzelnen Kindes und seiner Familie evaluiert wird, ist dagegen nichts einzuwenden. Kritisch wird es dann, wenn dadurch einer Haltung Ausdruck verliehen wird, bei der Eltern eher als störend und unerwünscht betrachtet werden.

Das Beispiel

In der Kita „Wunderland“ ist es üblich, dass die Kinder morgens bis zur Eingangstür gebracht werden und dort eine Fachkraft ihre Anwesenheit vermerkt. Die Kinder verabschieden sich von ihren Begleitpersonen im Eingangsbereich und bewältigen den Gang zur Garderobe selbstständig. Beim Abholen wiederholt sich das Prozedere, indem die fertig angezogenen Kinder entweder draußen von den Eltern abgeholt werden

oder bei schlechtem Wetter von ihren Eltern an der Eingangstür in Empfang genommen werden. So bleibt die Kita den Tag über eine weitestgehend elternfreie Zone. Einzige Ausnahme ist die Zeit der Eingewöhnung, in der Eltern die Kinder bis in die Gruppe begleiten. Aber auch hier wird darauf hingearbeitet, dass sich die Eltern möglichst schnell aus dem Gruppenalltag verabschieden. Während der Eingewöhnung war es für Maxi kein Problem, sich von der Mutter zu lösen. Doch seit er sich bereits an der Tür verabschieden soll, fällt es ihm morgens zunehmend schwerer, seine Mutter gehen zu lassen. Maxis Mutter fühlt sich mit dieser Situation sehr unwohl. Sie fühlt sich ausgeschlossen und hat das Gefühl, nicht mitzubekommen, was in der Kita stattfindet und wie es ihrem Kind dort geht. Hinzu kommt, dass Maxi erst zwei Jahre alt ist und noch nicht viel über den Tag zu Hause erzählen kann.
An einem Morgen fasst sich die Mutter ein Herz und spricht Fachkraft Ben an. Sie äußert den Eindruck, ihr Kind täte sich sehr schwer mit dem morgendlichen Ankommen, und sie habe das Gefühl, dass es für Maxi besser wäre, wenn sie ihr Kind über die Eingangsschwelle hinaus in die Gruppe begleiten könne.
Ben, die Fachkraft der Gruppe, entgegnet daraufhin: „Wir haben damit sehr gute Erfahrungen gemacht und die Kinder sind dadurch viel selbstständiger und kompetenter. Sie müssen Ihrem Kind auch einfach mal etwas zutrauen. Die anderen Kinder bekommen das super geregelt. Außerdem sind wir hier ein Kindergarten und kein Elterngarten. Wo kämen wir denn hin, wenn auf einmal alle Eltern morgens mit in die Gruppe kämen?"
Maxis Mutter verlässt ohne eine weitere Antwort die Kita. In ihr bleibt ein Gefühl von Unsicherheit und Unwohlsein zurück. Ihre Sorge um Maxis Wohlbefinden ist nach dem Gespräch eher größer geworden.

Was ist hier passiert?

Ben reagiert auf die Anfrage von Maxis Mutter vermutlich aus einer organisationsbezogenen Perspektive. Er betont, dass es sich um einen Kindergarten handelt, was auf klare Strukturen und festgelegte Abläufe hindeutet. Er bezieht sich hierbei auf Vorgaben, die in der Kita für das tägliche Ankommen und Verabschieden der Kinder üblich sind. Seine Ablehnung könnte darauf basieren, dass er mögliche Ausnahmen als einen Präzedenzfall betrachtet, der zu einem erhöhten Bedarf an individueller Betreuung führen könnte. Seine Sorge besteht vermutlich darin, dass dies zu Unstimmigkeiten im Team oder einem erhöhten Arbeitsaufwand für das Personal führe, wenn viele Bindungs- und Bezugspersonen eine verstärkte Begleitung wünschten.

Ben lehnt die intensivere Anwesenheit der Familien in der Gruppe auch möglicherweise deswegen ab, um die klaren Grenzen zwischen der familiären und der pädagogischen Rolle zu wahren. Er könnte der Ansicht sein, dass zu intensive Präsenz der Bindungspersonen den pädagogischen Prozess stören oder die sozialen Interaktionen der Kinder beeinträchtigen könnte. Außerdem möchte er möglicherweise sicherstellen, dass die Kinder eine eigenständige Entwicklung innerhalb der Gruppensituation erfahren und nicht übermäßig von ihren Bindungspersonen abhängig werden. Dies könnte u. a. auch in der vorherrschenden pädagogischen Philosophie und Haltung der Einrichtung begründet sein.

Durch die Anwesenheit von Eltern fühlt sich Ben möglicherweise beobachtet. Das Gefühl des Beobachtet-Seins könnte aus der Befürchtung resultieren, dass die Mutter seine pädagogische Herangehensweise infrage stellt oder eine Ausnahme von den etablierten Regeln verlangt. Dies kann einen gewissen Druck auch gegenüber den anderen Kolleg:innen auslösen, besonders wenn Ben befürchtet, dass aufgrund einer Ausnahme andere Eltern ähnliche Wünsche äußern könnten.

Die Begründung von Ben, dass es sich um einen Kindergarten und nicht um einen Elterngarten handle, löst bei Maxis Mutter offensichtlich Unsicherheit und Frustration aus. In dem Beispiel äußert sie den Eindruck, dass Maxi sich schwertut mit der üblichen Praxis, und sie möchte Maxi intensiver begleiten, weil sie sich Sorgen um sein Wohlbefinden macht. Bens klare Ablehnung ruft bei ihr das Gefühl hervor, nicht ausreichend verstanden oder unterstützt zu werden. Es kann auch dazu führen, dass sie sich in ihrer Rolle als Elternteil nicht ausreichend eingebunden oder respektiert fühlt.

Die klare Ablehnung von Ben und seine Begründung könnte von Maxis Mutter als Signal verstanden werden, dass Eltern in der Kita nicht besonders willkommen sind. Die Betonung des Unterschieds zwischen Kindergarten und Elterngarten erweckt durchaus den Eindruck, dass eine verstärkte Beteiligung der Eltern nicht nur unerwünscht ist, sondern auch als störend betrachtet wird. Dies wirkt sich unweigerlich beeinträchtigend auf eine vertrauensvolle Zusammenarbeit zwischen Kita und Familien aus.

Was hätte Ben anders machen können?

Zunächst einmal sollte Ben für sich prüfen, warum er in dieser Situation so vehement in die Abwehrhaltung geht. Ist es seine eigene Haltung oder Überzeugung oder ist sein Handeln unreflektiert durch die bestehende Praktik der Einrichtung bestimmt? Muss oder will er tatsächlich, Eltern ausnahmslos den Wunsch verweigern, das eigene Kind morgens nach Bedarf weiter zu begleiten als bis zur Einrichtungstür?

Anstatt direkt in eine Abwehrhaltung zu gehen, könnte Ben auf Maxis Mutter einfühlsamer reagieren, indem er zunächst Verständnis für ihre Sorgen zeigt. Er kann erklären, dass er die Bedenken hinsichtlich des Wohlbefindens von Maxi nachvollziehen kann und dass er gemeinsam mit ihr nach Möglichkeiten suchen möchte. Dazu bedarf es auch eines Perspektivwechsels, in dem sich Ben in Maxis Mutter hineinversetzt und sich fragt: „Wie geht es der Mutter gerade?"

Davon ausgehend könnte Ben betonen, dass die Einbindung der Eltern in den Betreuungsprozess ein gemeinsames Ziel ist und dass er offen für einen konstruktiven Dialog ist, um eine Lösung zu finden, die im besten Interesse von Maxi liegt. Er könnte darauf hinweisen, dass er die Dynamik in der Gruppe berücksichtigen muss und sich nicht ohne weiteres über die im Team getroffenen Absprachen hinwegsetzen kann, aber gleichzeitig bereit ist, flexible Ansätze zu finden, die die Bedürfnisse sowohl der Eltern als auch der Kinder berücksichtigen.

Ein solches Handeln setzt eine dialogische Grundhaltung voraus. Um sich auf einen echten Dialog mit einem Gegenüber einzulassen, braucht es für alle Beteiligten ein Gefühl von Sicherheit, Offenheit und Vertrauen. Es geht darum, die Gedanken, offene und verdeckte Bedenken und das Gesagte aufzunehmen und auf dieser Basis das Gespräch miteinander zu gestalten. Dazu braucht es Wertschätzung von der Fachkraft gegenüber den Bindungspersonen des Kindes und die Bereitschaft, sich auf diese einzulassen, sie anzunehmen und ihnen zuzuhören. Gelingende Dialoge bedürfen einer ganz großen Portion Empathie seitens der Fachkraft.

Dialogische Grundhaltung

Eine dialogische Grundhaltung bezieht sich auf die Bereitschaft der Gesprächspartner:innen, aktiv zuzuhören, unterschiedliche Perspektiven zu respektieren und konstruktiv auf Meinungen einzugehen, um einen offenen und gegenseitigen Austausch zu fördern

(vgl. Glöser 2019, S. 39).

Indem er die Mutter als Gesprächspartnerin respektiert und miteinbezieht, könnte Ben eine positive und unterstützende Atmosphäre schaffen. Eine solche Herangehensweise trägt dazu bei, dass sich die Eltern willkommen und respektiert fühlen, ohne dabei zwangsläufig die Strukturen der Einrichtung zu gefährden.

Es wäre eine Gelegenheit, das Dilemma zwischen den individuellen Bedürfnissen und den festgelegten Regeln der Kita auf konstruktive Weise anzugehen. Im besten Fall könnte diese Situation dazu beitragen, die bestehenden Regeln noch einmal im Team zu besprechen und zu reflektieren.

Im Sinne einer partnerschaftlichen und bedürfnisorientierten Zusammenarbeit mit den Eltern sollten Ben und seine Kolleg:innen so viel Selbstreflexion an den Tag legen, um herauszufinden, warum sie der Selbstständigkeit der Kinder und dem möglichst reibungslosen Ablauf einen so großen Stellenwert zumessen und gleichzeitig damit weder den Bedürfnissen einzelner Kinder noch ihrem Auftrag einer Bildungs- und Erziehungspartnerschaft angemessen gerecht werden.

Hier wird deutlich, dass eine veränderte Haltung notwendig ist, um sich auf die Sorgen und Bedenken der Mutter einlassen zu können. Es ist naheliegend, dass Ben sich seiner hier zum Ausdruck gebrachten Haltung nicht zwangsläufig bewusst ist. Trotzdem hat seine Haltung konkret Wirkung auf Maxis Mutter. Sie fühlt sich unsicher und weiß nicht, ob es ihrem Kind wirklich gut geht.

> Erst durch (Selbst-)Reflexion kann eine einfühlsame Haltung entstehen, bei der die Wirkung auf das Gegenüber mitgedacht ist.

So wie wir nicht nicht kommunizieren können, so können wir nicht nicht eine Haltung haben (vgl. Halfmann 2023, S. 41f.) und zwar unabhängig davon, wie diese Haltung sich im Einzelnen zeigt. Nicht jede Fachkraft ist sich ihrer Haltung und vor allem deren Wirkung bewusst. Nichtsdestotrotz haben auch die unbewussten Haltungen eine große Wirkung auf unser Gegenüber. Dies zu erkennen und anzunehmen, ist wesentlicher Bestandteil des professionellen Handelns.

Für Ben bedeutet dies in unserem Beispiel, dass es wichtig wäre, sich zu verdeutlichen, was seine Aussage „Das ist ein Kindergarten und kein Elterngarten" zum einen für eine Haltung nach außen transportiert und wie dies bei der besorgten Mutter ankommt, der an erster Stelle das Wohl ihres Kindes wichtig ist.

> „Sich seiner Haltung bewusst werden heißt allerdings noch nicht, sie auch zu reflektieren."
>
> *(Kathrin Halfmann)*

Vermutlich ist Ben gar nicht bewusst, was er mit diesem Satz auslöst. Möglicherweise wäre er sogar sehr erschrocken über sich selbst, wenn er die Wirkung der Aussage gespiegelt bekäme. Um ein Bewusstsein über unsere Haltungen – egal ob bewusst oder unbewusst – zu erlangen, brauchen wir das regelmäßige Feedback von außen und die innere Bereitschaft, dieses anzuhören. Es reicht jedoch nicht nur, sich diese Haltung bewusst zu machen, es gilt auch, darüber nachzudenken, ob diese Haltung das transportiert, was uns wichtig ist.

Reflexion: „Meine Haltung den Eltern gegenüber"

Diese Übung unterstützt Fachkräfte dabei, ihre Haltung gegenüber in der Gruppe anwesender Eltern zu reflektieren, empathisch verschiedene Perspektiven einzunehmen und konkrete Schritte für mehr Akzeptanz im Umgang mit den Eltern der Kinder zu entwickeln.

- Wähle eine konkrete Situation aus, in der du dich im Kontakt mit den Bindungs- und Bezugspersonen eines Kindes befunden hast, sei es während des Bringens und Abholens des Kindes, bei Veranstaltungen in der Kita oder anderen Begegnungen mit der Familie.
- Erinnere dich an deine eigenen Gedanken, Gefühle und dein Tun während dieser Situation. Notiere diese, ohne lange darüber nachzudenken.
- Versetze dich in die Lage der anwesenden Bindungs- und Bezugspersonen. Überlege, welche Erwartungen, Sorgen oder Bedürfnisse sie in dieser Situation möglicherweise hatten. Notiere, welche Wirkung deine Haltung auf sie gehabt haben könnte.
- Stelle dir vor, du wärst ein/e neutrale/r Beobachter:in und betrachtest die Interaktion zwischen dir und den Bindungs- und Bezugspersonen in dieser Situation. Notiere, wie diese Interaktion auf jemand anderen wirken könnte und welche Signale deine Körpersprache und Kommunikation senden.
- Stelle dir ergänzend vor, wie das Kind die Situation erlebt haben könnte.

- Analysiere deine Aufzeichnungen und überlege, inwieweit deine Haltung deine Beziehung zu den Bindungspersonen beeinflusst. Entwickle alternative Handlungsoptionen, die eine positive und unterstützende Atmosphäre fördern.
- Setze dir Ziele für zukünftige Interaktionen mit den Eltern. Formuliere, wie du deine Haltung anpassen kannst, um eine offene Kommunikation und eine positive Beziehung zu fördern.

In leicht abgewandelter Form kann diese Übung auch im Team umgesetzt werden. Dann können sich beispielsweise Paare bilden, wobei die eine Person einen solchen Kontakt und die damit verbundenen Gedanken und Gefühle dem Gegenüber mitteilt. Der/die Gesprächspartner:in äußert dann seine/ihre Resonanz auf das Erzählte und spiegelt welche Haltung für ihn/sie spürbar wird. Gemeinsam ist dann zu überlegen, welche Veränderungen notwendig sind und wie dies am besten zu erreichen ist.

Exkurs: Die Kita als Blackbox

Für viele Familien ist die Kita wie eine Blackbox. Sie haben oftmals keine wirkliche Vorstellung davon, was im Einzelnen in der Kita stattfindet. Die inneren Abläufe bleiben häufig undurchsichtig und wenig nachvollziehbar.

In einer Kita, in der Familien willkommen sind und die Kinder bis in die Gruppe begleiten können, öffnet sich diese Blackbox ein kleines Stückchen. Trotzdem beschränkt sich auch dieser Blick auf den begrenzten Zeitraum des Bringens und Abholens.

Bis auf den kleinen, etwas erweiterten Einblick, den die Eltern während der Eingewöhnung gewinnen können, bleibt im späteren Verlauf lediglich das Verhalten des eigenen Kindes als Anhaltspunkt und Gradmesser. Lesen Eltern in diesem Zusammenhang Unstimmigkeiten aus dem Verhalten ihrer Kinder heraus, verstärkt das ein Unwohlsein und die Unsicherheit, wenn sie mit ihrem Anliegen vehement zurückgewiesen werden. Wenn Eltern das Bedürfnis haben, aktiver in den Betreuungsprozess ihrer Kinder einbezogen zu werden, aber auf Ablehnung stoßen, könnten sie sich von den Entscheidungsprozessen der Kita ausgeschlossen fühlen. Das Fehlen von Erklärungen und die Wahrnehmung, dass ihre Anliegen nicht ernst genommen werden, könnten zu einem verstärkten Eindruck führen, dass die Kita als Institution nicht ausreichend transparent ist.

Hier lohnt sich ein Perspektivwechsel, um sich die eigene Kita einmal mit Augen der Eltern anzuschauen. Wie transparent ist die Darstellung der inneren Abläufe nach außen? Wie viel bekommen Eltern wirklich mit von dem, was in der Kita passiert und wie es ihren Kindern in der Kita geht? Vor allem dann, wenn sich die Kinder noch nicht verbal umfangreich mitteilen können?

3 „Immer diese Helikoptereltern“ Etikettierungen verhindern tieferes Verständnis

Manchmal beobachten Fachkräfte elterliches Verhalten, dass sie aus unterschiedlichsten Gründen als wenig entwicklungsförderlich für die Kinder einstufen. Schnell kommt es dann zu Etikettierungen wie „Helikoptermutter“, „Rabeneltern“, „Rasenmähervater“ oder „U-Boot-Eltern“. Dabei wird nur das vordergründige Verhalten betrachtet und viel weniger berücksichtigt, welche Erfahrungen und Erlebnisse zu dem Verhalten geführt haben könnten. Damit entfernt sich die Fachkraft von den Familien und versäumt, die tieferliegenden Gründe für das Verhalten näher zu betrachten. Es lohnt sich, sich von Etikettierungen zu lösen und das Verhalten möglichst unvoreingenommen verstehen zu wollen.

Das Beispiel

Bereits in den ersten Tagen der Eingewöhnung beobachtet die Fachkraft Anne, wie Maltes Mutter ihn kaum aus den Augen lässt. Droht er sich irgendwo zu stoßen, ist sie bereits zur Stelle und schützt ihn mit ihrer Hand. Bevor der Eineinhalbjährige fallen oder stolpern könnte, fängt sie ihn auf. Obwohl er nach einigen Wochen bereits guten Kontakt zu den Kindern und Fachkräften aufgebaut hat, macht die Mutter keine Anstalten, sich zu verabschieden. Sie bleibt in seiner Nähe und blockt jegliche Verabschiedungsversuche ab, die an sie herangetragen werden.

Anne bespricht ihre Beobachtungen mit ihrer Kollegin, stöhnt über Maltes Mutter und bezeichnet sie als Helikoptermutter. Sie bekräftigt, wie schlimm sie dieses „helikoptern" findet, weil Bindungspersonen so gar nicht loslassen könnten und die Kinder in ihrer Entwicklung einschränken würden. Sie ist der Meinung, dass Frau Waschlitz weniger um Malte herumschwirren und endlich mal gehen sollte.
Als die Elternberaterin im Haus ist, empfiehlt sie Frau Waschlitz, sich an diese zu wenden und sich beraten zu lassen. Frau Waschlitz geht auf den Vorschlag ein. In dem Gespräch wird deutlich, dass die Mutter kurz nach der Geburt miterleben musste, wie ihr Kind einen Atemstillstand hatte. Seither macht sie sich große Sorgen und versucht, alles von ihm fernzuhalten, was ihn in Gefahr bringen könnte. Bis zu diesem Gespräch war ihr dieser Zusammenhang selbst nicht bewusst, sie nimmt sich daraufhin vor, das mit Anne zu besprechen und mit ihr zu überlegen, was sie gemeinsam tun können, damit sie sich entsprechend von Malte verabschieden kann.
Parallel trifft Frau Waschlitz die Entscheidung, sich zur Bearbeitung ihrer Ängste in eine Therapie zu begeben.

Was ist hier passiert?

Fachkraft Anne hat durchaus gut beobachtet, dass Frau Waschlitz immer dann für ihren Sohn zur Stelle ist, wenn ihm irgendeine Gefahr droht. Sie schützt Malte, wo es nur geht. Doch anstatt dass sie mit der Mutter über diese Beobachtung ins Gespräch geht, öffnet sich bei ihr die Schublade mit der Zuschreibung: Maltes Mutter ist eine Helikoptermutter. Damit ist das Urteil über Frau Waschlitz gefällt. Anne hat sie abgestempelt und versperrt sich selbst damit den Weg für eine konstruktive Lösungssuche.

Es passiert gar nicht so selten in der Praxis, dass eine Fachkraft ohne groß nachzudenken, das Verhalten von Kindern, Eltern und Kolleg:innen in Kategorien einordnet und mit Etiketten versieht.

Grundsätzlich ist das zunächst einmal menschlich. Es handelt sich um einen Vorgang in unserem Gehirn, der hilft, den Überblick in unserer komplexen Welt zu bewahren. Solche Zuschreibungen und Einordnungen finden ständig im Kontakt mit anderen Menschen statt. Das muss nicht zwangsläufig negativ sein. Es wird immer dann problematisch, wenn damit eine Abwertung und Verurteilung einhergeht. In der Psychologie wird in diesem Zusammenhang von Etikettierung oder auch Stigmatisierung gesprochen.

Im Fall von Frau Waschlitz ist es das Etikett der „Helikoptermutter" aufgrund von Annes Beobachtung, dass die Mutter nahezu ununterbrochen

Etikettierung

Der Etikettierungsansatz („Labeling Approach") geht davon aus, „dass jedem Menschen aufgrund von Verhalten, Fehlverhalten, abweichendes Verhalten, vorhandenen oder auch nicht vorhandenen Merkmalen oder Defiziten ein Etikett angeheftet wird." Synonym wird auch das Wort Stigma genutzt, wenn zusätzlich eine Abwertung oder Diskriminierung mit der Etikettierung einhergeht. (Vgl. Stangl 2024)

um Malte kreist, um ihn zu schützen. Mit dieser Etikettierung vergisst sie, im Dialog mit der Mutter zu bleiben, um herauszufinden, wozu das Verhalten von Frau Waschlitz dient, wo es möglicherweise herkommt und wie sie gemeinsam etwas tun können, damit Frau Waschlitz das sichere Gefühl bekommt, die Fachkräfte sorgen sich gut um Malte.

In dieser Situation wird glücklicherweise eine Elternberaterin mit hinzugezogen, die den Blick für die Geschichte der Mutter weitet. Erst dadurch wird der gute Grund für Frau Waschlitz' Verhalten sichtbar. Die nachvollziehbare Erklärung führt schließlich dazu, dass Anne sich von dem Etikett der „Helikoptermutter" verabschieden kann. Ohne diese Zuschreibung begegnet sie der Mutter mit einem ganz anderen Verständnis.

Was hätte Anne anders machen können?

Kategorisieren ist zwar menschlich, aber zugleich unprofessionell.

Zunächst einmal geht es im Kern darum, sich als Fachkraft grundsätzlich dafür zu sensibilisieren, dass das Denken in Kategorien, Zuschreibungen, Etikettierungen oder Stigmatisierungen zwar menschlich, jedoch höchst unprofessionell ist. Immer dann, wenn ein solches Etikett gedacht oder gar ausgesprochen wird, muss die innere Alarmanlage anspringen. Im Team sollten Vereinbarungen getroffen werden, sich gegenseitig anzusprechen, wenn solche Etikettierungen zum Ausdruck kommen.

Dann gilt es, sich zu verdeutlichen, was Etikettierungen und Stigmatisierungen bei einem selbst und beim Gegenüber auslösen.

Reflexion zu Etikettierungen und Stigmatisierungen

- Warum verbinde ich dieses Etikett mit dieser Person?
- Welche (Vor-)Urteile kommen dadurch zum Ausdruck?
- Inwieweit verstellt sich mein Blick auf die Person, die ich mit einem bestimmten Etikett versehe?
- Was verbinde ich mit diesem Etikett?
- Inwieweit werte ich mein Gegenüber mit einem solchen Etikett ab?
- Gebe ich meinem Gegenüber eine Chance, sich auch anders zu zeigen?
- Oder interpretiere ich sein Verhalten nur im Licht des Etiketts?
- Bin ich bereit, die Person auch anders zu sehen?
- Inwieweit spürt mein Gegenüber, dass ich ihm ein Etikett verpasst habe?
- Woran merke ich das?
- Wie kann ich mein Denken, Fühlen und Handeln verändern?

In dem hier genannten Beispiel hat Frau Waschlitz zum Glück noch nicht viel davon mitbekommen, dass ihr Verhalten dahingehend von der Fachkraft beurteilt wurde. Der Anlass für die Empfehlung, zur Beratung zu gehen, war hier das sich in die Länge ziehende Ankommen des Kindes.

Erst im Gespräch mit der unvoreingenommenen Elternberaterinäußert Frau Waschlitz die Einsicht, dass es ihr schwerfällt zu gehen, aufgrund ihrer Sorge um Malte. Ihre Geschichte liefert ganz zufällig das fehlende Puzzleteil zur Erklärung des Verhaltens der Mutter.

> Weg von vorschnellen Verurteilungen hin zum verstehenden Zugang

Und darum geht es so oft in der Zusammenarbeit mit den Eltern: weg von vorschnellen Verurteilungen und Zuschreibungen hin zu einem unvoreingenommenen und wohlwollenden Blick auf die Familien, ihre Ressourcen und Geschichten.

Der Schlüssel in der Zusammenarbeit mit Eltern liegt im „Prinzip des Guten Grundes". Alleine durch die Grundannahme, dass das Verhalten von Frau Waschlitz einen guten Grund hat, könnte Anne offen für weitere Lösungsmöglichkeiten sein.

Anstatt sie an eine Elternberaterin zu verweisen, hätte sie genauso gut das offene Gespräch selbst suchen können, um den eigentlichen Ursachen auf den Grund zu gehen.

Das Prinzip des Guten Grundes

Das „Prinzip des Guten Grundes" geht von der Annahme aus, dass eine Person im Laufe ihres Lebens Verhaltensstrategien entwickelt, um mit belastenden Situationen und Herausforderungen umgehen zu können. Diese Verhaltensstrategien sind auf die individuellen Erlebnisse, Erfahrungen und Sozialisierungen dieser einzelnen Person zurückzuführen. Die daraus resultierenden Verhaltensweisen können, wenn sie nicht auf diesem lebensgeschichtlichen Hintergrund des Gegenübers verstanden werden, zu großen Irritationen und Unverständnis führen.

Um die guten Gründe für das Verhalten einzelner Bindungspersonen herauszufinden, bietet sich die Anwendung der sogenannten „Weil-Frage" an. Dafür ist es hilfreich, sich für einen Moment das Verhalten der Person vor das innere Auge zu holen. Anschließend vervollständigt die Fachkraft alleine oder gemeinsam mit Kolleg:innen den Satz: „Diese Person verhält sich so, weil …".

Die sich daraus ergebenden Hypothesen (Vermutungen) geben Hinweise auf mögliche Gründe und dahinterstehende Bedürfnisse der jeweiligen Person. Die daraus gewonnenen Erkenntnisse eröffnen einen verstehenden und lösungsorientierten Zu- und Umgang mit den jeweiligen Familien.

In manchen Einrichtungen werden im Kennenlerngespräch oder bei einem ersten Hausbesuch Anamnesebögen gemeinsam bearbeitet. Hier erhalten Familien bereits zum Einstieg die Möglichkeit, gezielt über besondere Ereignisse während der Schwangerschaft, der Geburt oder in den ersten Lebensmonaten bzw. -jahren zu sprechen. Selbstverständlich bleibt es den Familien vorbehalten zu entscheiden, worüber sie sprechen möchten. Trotzdem bietet sich hier eine erste Gelegenheit, relevante Details zu erfahren, die im weiteren Miteinander sehr hilfreich sein können.

Exkurs: Die Zusammenarbeit mit den Familien vorurteilsbewusst gestalten

In einer zunehmend vielfältigen Gesellschaft ist eine respektvolle Anerkennung unterschiedlicher Werthaltungen und Traditionen unabdingbar. Für die Kinder und ihre Entwicklung ist es von immenser Bedeutung, wie die Fachkräfte mit ihren Bindungs- und Bezugspersonen umgehen. Sie reagieren wie Seismografen darauf, wenn ihre Familie belächelt, ausgegrenzt und diskriminiert wird (vgl. Richter 2022, S. 83ff.).

Ein erster wesentlicher Schritt besteht darin, sich als Fachkraft mit den unterschiedlichen Familienkulturen zu beschäftigen und diese vorurteilsbewusst anzunehmen. Dazu bedarf es einer grundlegenden

Auseinandersetzung und Beschäftigung mit dem Anti-Bias-Ansatz, in dem es um die Gestaltung vorurteilsbewusster Bildung und Erziehung geht. Nach diesem Ansatz gilt es, Kinder in ihrer Identität zu stärken, ihnen Erfahrung mit Vielfalt zu ermöglichen, kritisches Denken über Gerechtigkeit und Ungerechtigkeit anzuregen und ein Aktivwerden gegen Diskriminierung zu unterstützen (vgl. ebd., S. 5).

Im Kern des Anti-Bias-Ansatzes steht die Anerkennung und Wertschätzung der Vielfalt von Familienstrukturen, kulturellen Hintergründen und individuellen Bedürfnissen. Dies erfordert eine bewusste Reflexion über mögliche Vorurteile und Stereotype, die unbewusst in der Interaktion auftreten könnten.

Vorurteilsbewusstsein in der Zusammenarbeit mit Familien bedeutet, sich der eigenen Annahmen bewusst zu sein und sicherzustellen, dass diese nicht die Interaktion beeinflussen. Hier spielt die Offenheit für verschiedene Lebensstile und Perspektiven eine zentrale Rolle.

Die bedürfnisorientierte Zusammenarbeit im Sinne des Anti-Bias-Ansatzes trägt dazu bei, dass die unterschiedlichen Ressourcen und Stärken der Familien erkannt und genutzt werden. Dies fördert eine partnerschaftliche Dynamik, in der Familien als Experten ihrer eigenen Lebenssituation wahrgenommen werden. Der Fokus liegt dabei auf einer gleichberechtigten Beziehung, die von Empathie und Vertrauen geprägt ist.

Darüber hinaus ermöglicht eine vorurteilsbewusste Zusammenarbeit, potenzielle Barrieren abzubauen und einen Raum zu schaffen, in dem sich Familien unabhängig von Herkunft, Hautfarbe, Geschlecht oder Religion offen äußern können. Durch die Einbindung unterschiedlicher Perspektiven wird die Qualität der Unterstützung gesteigert und es entsteht eine Umgebung, in der sich Familien gehört und verstanden fühlen.

Durch eine vorurteilsbewusste Herangehensweise wird nicht nur die Vielfalt geschätzt, sondern auch eine Grundlage für eine respektvolle, unterstützende Zusammenarbeit auf Augenhöhe geschaffen.

4 „Denken Sie heute bitte daran, dass mein Kind noch frühstücken muss!“

Die vier Ebenen einer Botschaft

Regelmäßig kommen Familien mit den unterschiedlichsten Aufforderungen und Erinnerungen auf die Fachkräfte zu. Wiederholen sich bestimmte Aufforderungen kann es durchaus passieren, dass die Fachkraft einen versteckten Vorwurf aus dem Gesagten heraushört und sich dann persönlich angegriffen fühlt. Einen Schlüssel kann hier das Wissen um die vier Ebenen einer Botschaft bieten, um das Gesagte anders zu verstehen.

Das Beispiel

Paul wird wie jeden Morgen von seinem Vater in die Kita gebracht. Nachdem Paul in der Garderobe seine Hausschuhe angezogen hat, bringt ihn sein Vater bis zur Gruppentür. Dort verabschiedet sich Paul mit einer kräftigen Umarmung. Der Vater nimmt Blickkontakt zur Fachkraft Nino auf und sagt zu ihr: „Denken Sie heute bitte daran, dass mein Kind noch frühstückt?“ Dann verlässt er die Kita.
Nino ist auf hundertachtzig und beschwert sich mittags bei der Kollegin: „Pauls Vater hat mich heute schon wieder daran erinnert, dass ich daran denken soll, dass Paul noch frühstücken muss. Das geht seit Wochen jeden Morgen so. Denkt der denn, ich sei wirklich zu blöd, nicht darauf zu achten, dass Paul frühstückt? Außerdem ist Paul mit vier Jahren nun wirklich alt genug, selbst daran zu denken.“
Die Kollegin erwidert daraufhin: „Ach, mach dir nichts draus. Das macht er bei mir auch.“

Was ist hier passiert?

Die Fachkraft ärgert sich über den Vater, weil dieser ihn zum wiederholten Mal daran erinnert, dass sein Sohn noch frühstücken muss. Nach dem Kommunikationsquadrat von Schulz von Thun, in dem die vier Seiten einer Botschaft beschrieben werden, die in der zwischenmenschlichen Kommunikation eine Rolle spielen, wird deutlich, dass Nino das Gesagte auf dem Appell- und dem Beziehungsohr aufgenommen hat.

Das Kommunikationsquadrat (nach Schulz von Thun)

Jede einzelne Nachricht enthält eine Vielzahl von Botschaften. Um diese zu entschlüsseln, entwickelte Friedemann Schulz von Thun sein Kommunikationsquadrat mit vier unterschiedlichen Ebenen, auf denen eine Nachricht vom Sender gemeint und vom Empfänger verstanden werden kann.

Die vier Ebenen einer Nachricht:

- **die Sachebene: Worüber informiert mich mein Gegenüber?**
- **die Ebene der Selbstoffenbarung: Was teilt mir mein Gegenüber über sich selbst mit? (Befinden, Gefühle, Wünsche, Bedürfnisse)**
- **die Appellebene: Wozu fordert mich mein Gegenüber auf?**
- **die Beziehungsebene: Was hält der andere von mir und wie stehen wir zueinander?**

Es hängt von der jeweiligen Situation ab, wann und wie einzelne Ebenen in den Vorder- oder Hintergrund treten. Für den positiven Verlauf eines Gesprächs ist es jedoch wichtig, dass alle vier Ebenen berücksichtigt und einbezogen werden. (vgl. Glöser 2019, S. 14ff.)

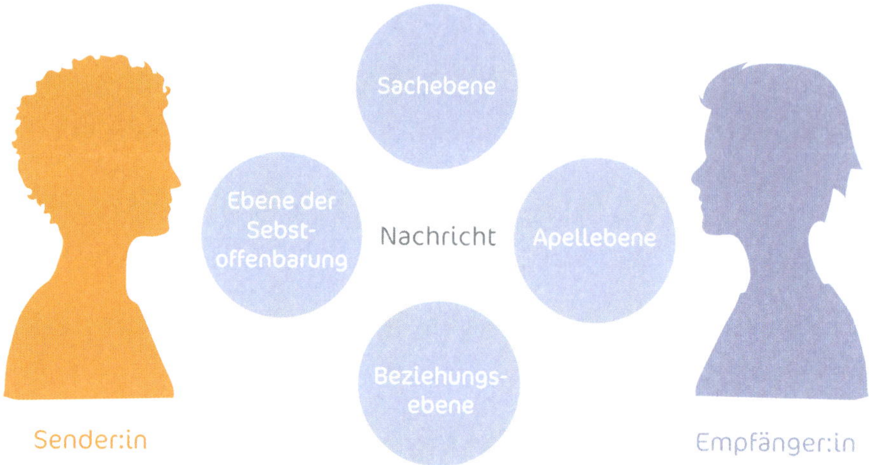

Abb. 3 Die vier Ebenen einer Nachricht

Ausgehend von diesen verschiedenen Ebenen einer Botschaft, scheint die Aussage von Pauls Vater an Nino weder auf der Sachebene noch der Selbstoffenbarungsebene gehört worden zu sein.

Auf der Appellebene betrachtet, versteht Nino die Aussage als Aufforderung und fühlt sich genötigt, sich darum zu kümmern, dass Paul noch frühstückt. Unabhängig davon findet er, dass Paul das mit seinen vier Jahren durchaus selbst geregelt bekommt.

Mit Fokus auf der Beziehungsebene löst die Aussage des Vaters Ärger bei Nino aus. Er fühlt sich nicht ernst genommen und als vergesslich abgestempelt. Nino erlebt diese wiederkehrende Aussage des Vaters auf der persönlichen Ebene und vergisst, dass er in der Rolle der Fachkraft eine gewisse Fürsorgepflicht für das Kind hat. Der Vater spricht ihn als Rolleninhaber in dieser Situation an und teilt ihm mit, dass sein Sohn noch frühstücken soll. Seine Kollegin spiegelt ihm, dass der Vater das bei ihr genauso macht. Letzteres verstärkt die Vermutung, dass Pauls Vater nichts gegen Nino explizit hat, sondern ihm lediglich wichtig ist, dass Paul frühstückt.

Dass Nino die Aussage von Pauls Vater auf diesen beiden Ebenen vordergründig hört, heißt nicht zwangsläufig, dass der Vater diese auch so ausgesendet hat. Die meisten Missverständnisse und Störungen in der menschlichen Kommunikation entstehen dadurch, dass die vom Empfänger entschlüsselte Botschaft nicht mit der vom Sender gesendeten übereinstimmt.

Nino entschlüsselt in der geschilderten Situation die Botschaft nur von zwei Seiten: der Apell- und der Beziehungsebene. Die anderen beiden Ebenen geraten in den Hintergrund. Hierbei spielt die persönliche Kommunikationsbiografie eine nicht unwesentliche Rolle. Im Laufe seines Lebens entwickelt jeder Mensch eine Kommunikationsebene, die mehr oder weniger stark ausgeprägt ist (vgl. Glöser 2019, S. 24).

> Missverständnisse und Störungen entstehen immer dann, wenn die entschlüsselte Botschaft anders verstanden wird, als sie ursprünglich ausgesendet wurde.

Diese Kommunikationsbiografie hat nicht selten ihre Wurzeln in der Art und Weise, wie und auf welcher Ebene in der Kindheit mit der betreffenden Person gesprochen wurde und auf welcher Ebene sie selbst gelernt hat mit ihren Bindungspersonen zu kommunizieren.

Was könnte Nino anders machen?

Zunächst einmal sollte sich Nino vergegenwärtigen, auf welchen Ebenen er die Aussage des Vaters verstanden hat, ganz unabhängig davon, ob es so gemeint war oder nicht. Dazu kann er die vier Kommunikationsebenen im Einzelnen genauer unter die Lupe nehmen und anschließend damit abgleichen, welche Botschaft bei ihm ursprünglich angekommen ist.

Reflexion zu den vier Ebenen der Kommunikation

- **Worüber will mich mein Gegenüber gerade informieren? (Sachebene)**
- **Was will mir mein Gegenüber über sich selbst mitteilen? Was sagt die Nachricht über das eigene Befinden, die Gefühle, die Wünsche und die Bedürfnisse des Gegenübers aus? (Ebene der Selbstoffenbarung)**
- **Wozu will mein Gegenüber mich auffordern? (Appellebene)**
- **Was teilt mir mein Gegenüber mit, was er/sie von mir hält und wie wir zueinander stehen? (Beziehungsebene)**

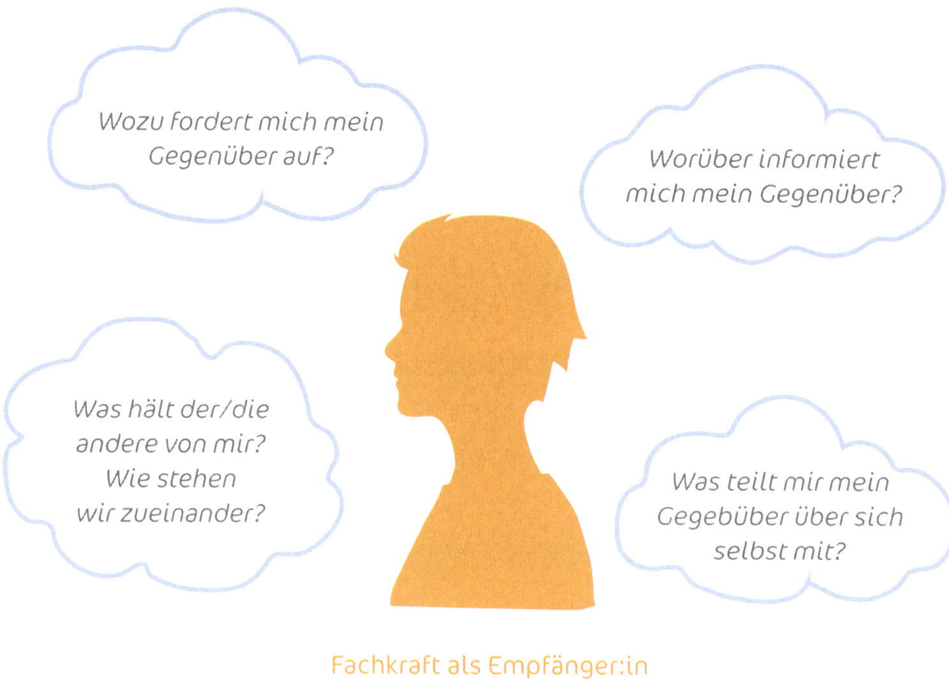

Abb. 4 Die vier Ebenen einer Nachricht reflektieren

Übertragen wir diese Reflexionsfragen auf Ninos Situation, könnte er herausfinden, dass Pauls Vater ihm auf der Sachebene mitteilt, dass Paul noch nicht gefrühstückt hat und das noch ansteht. Damit würde der Vater lediglich eine Information weitergeben, was keine explizite Handlung von Nino erforderlich machen würde.

Durch den Beisatz: „Denken Sie daran" liegt die Vermutung auf der Appellebene nahe, dass Pauls Vater möchte, dass sich Nino darum kümmert, dass sein Sohn noch frühstückt. Hier kann Nino durchaus in Erwägung ziehen, bei Gelegenheit mit dem Vater das Gespräch zu suchen, um ihm zu vermitteln, dass es sich im Alltag gezeigt hat, dass Paul von sich aus an das Frühstück denkt und man ihm diese Verantwortung bereits übertragen kann.

Beleuchtet Nino die Situation auf der Ebene der Selbstoffenbarung, könnte er feststellen, dass es dem Vater wichtig ist, Paul gut versorgt zu wissen. Es kann sein, dass je nach Tonfall oder Körperhaltung des Vaters auch deutlich wird, dass es ihm unangenehm ist, dass sie es noch nicht geschafft haben zu frühstücken. Vielleicht teilt er auch darüber mit: „Mir ist es wichtig, dass Sie sehen, dass ich mich gut um Paul kümmere. Deswegen sage ich Ihnen, was er noch zum Wohlfühlen braucht, und dann fällt mir es leichter zu gehen." Vielleicht bringt der Vater aber auch zum Ausdruck, dass er diese Übergabe braucht, um sich besser Verabschieden zu können. Jede dieser Möglichkeiten drückt das Bedürfnis des Vaters aus, ein guter Vater für Paul zu sein und ihn auch in seiner Abwesenheit gut versorgt zu wissen.

Dieses Bedürfnis ist bei vielen Eltern zu beobachten. Umso jünger die Kinder sind, desto ausgeprägter spiegelt sich dieses Bedürfnis im Verhalten und in den Fragen während der Bring- und Abholzeiten. Oftmals fragen die Eltern nach, ob das Kind geschlafen hat, was und wie viel es gegessen hat oder wie der Inhalt der Windel aussah. Intuitiv kreisen diese Fragen um die Grundbedürfnisse eines Menschen. Es ist bekannt, dass diese Grundbedürfnisse für das körperliche und emotionale Wohlbefinden eines Kindes elementar sind. Daran wird dann ermessen, ob die Eltern ihr Kind mit einem guten Gefühl in der Kita betreut wissen.

Wenn sich Nino verdeutlicht, dass Pauls Vater mit seinem morgendlichen Ritual nichts gegen Nino hat, sondern es für seine eigene Beruhigung und Sicherheit braucht, dann kann er sich auch viel einfacher von dem Gedanken verabschieden, dass der Vater ihn nicht ernst nimmt oder etwas gegen ihn haben könnte. Damit tritt die Beziehungsebene stärker in den Hintergrund und Nino braucht sich von Pauls Vater nicht mehr persönlich angegriffen und herabgesetzt zu fühlen.

Mit dieser Reflektion können häufig schon viele Missverständnisse und Störungen in der Kommunikation aufgelöst werden. Ergibt sich aus der Reflexion jedoch ein Klärungsbedarf, wie ein Elternteil eine Aussage gemeint haben könnte, bieten die vier Ebenen auch einen Anhaltspunkt für den möglichen Gesprächseinstieg.

Hier kann die „SAG ES-Methode" ein hilfreicher Weg sein, die eigenen Beobachtungen und damit verbundenen Gefühle anzusprechen und gemeinsam Lösungen zu entwickeln. Damit könnte Nino in etwa wie folgt vorgehen:

S ichtweise: Ich beobachte, dass Sie nahezu jeden Morgen mich darauf aufmerksam machen, dass Paul noch frühstücken muss.

A uswirkungen: Ich fühle mich dazu aufgefordert, mich ständig darum zu kümmern, obwohl Paul das meiner Beobachtung nach sehr gut selbst bewältigt. Es beschäftigt mich, weil ich gleichzeitig nicht weiß, inwieweit Sie mir vertrauen, das gut für Paul einschätzen und mit Paul regeln zu können.

G efühle: Ich merke, dass mich das zunehmend ärgert.

E rfragen: Wie erleben Sie das? Was wünschen Sie sich in dieser Situation konkret?

S chlussfolgerung: Worauf können wir uns am besten verständigen?

Die SAG ES-Methode

Eine Möglichkeit, um in Situationen, in denen unterschiedliche Sichtweisen zusammentreffen, nach gemeinsamen Lösungen suchen, bietet der Gesprächsleitfaden der sogenannten SAG ES-Methode nach Thomas Schmidt (vgl. Schmidt 2023).

S ichtweise schildern
Mir ist aufgefallen, dass …

A uswirkungen beschreiben
Für mich bedeutet das …

G efühle benennen
Ich fühle mich …

E rfragen, wie der/die andere die Situation sieht
Wie sehen Sie das?

S chlussfolgerungen ziehen
Ich wünsche mir …

5 „Ich werde mich über Sie beschweren“ Konflikte gemeinsam lösen

Meinungsverschiedenheiten und Streitereien sind ein fester Bestandteil unseres Lebens und so sind sie auch in der Zusammenarbeit mit den Bindungs- und Bezugspersonen der Kinder nicht gänzlich zu vermeiden. Die wenigsten Fachkräfte freuen sich über solche Auseinandersetzungen. Sie empfinden sie als anstrengend und stressig.

Noch unangenehmer wird es, wenn eine Meinungsverschiedenheit zum Konflikt wird. Dann ist eine ganze Portion Einfühlungsvermögen und Fingerspitzengefühl gefragt.

Nicht selten überschattet ein solcher Konflikt mit einer einzelnen Familie die gesamte Zusammenarbeit, auch die mit den anderen Familien. Dabei geraten die positiven Momente und Begegnungen oftmals völlig in den Hintergrund.

Im Einzelfall kommt es wie im folgenden Beispiel zu einer nicht mehr umkehrbaren Eskalation eines Konfliktes, der nur noch durch einen Machteingriff von oben lösbar ist.

Auf einmal überwiegt das Schwierige und Anstrengende und dabei werden die Chancen und Wachstumsmomente einer Auseinandersetzung übersehen, die letztlich zu gemeinsamen Lösungswegen und damit zu einer Stärkung der Beziehung beitragen können.

Das Beispiel

Es ist Montagmorgen und die Kinder sind sehr unruhig. Trotz Nieselregen entscheidet Fachkraft Jutta, dass sie mit den Kindern nach draußen geht. Die Kinder tragen nach vorheriger Absprache ihre Gummistiefel und Regensachen. Als Linas Mutter ihr Kind von der Kita abholt, ist sie verärgert, dass die Fachkräfte mit den Kindern bei einem solchen Wetter überhaupt rausgegangen sind.
Sie stellt Jutta zur Rede: „War das heute denn wirklich nötig. Sie sind schuld, wenn Lina eine Blasenentzündung bekommt." Jutta ist völlig verunsichert und versucht der Mutter zu erklären, warum sie entschieden hat, mit den Kindern nach draußen zu gehen. Die Mutter erwidert daraufhin: „Das wird ein Nachspiel haben. Ich werde mich über Sie beschweren." Erschrocken über die heftige Reaktion, sagt Jutta erst einmal nichts dazu. Sie hofft, dass Linas Mutter sich wieder beruhigen wird. Vorsichtshalber setzt sie die Leitung über den Vorfall in Kenntnis, die sie zunächst dahingehend beruhigt, im Sinne der im Team getroffenen Absprachen entschieden und gehandelt zu haben.
Anders als gehofft hat sich die Mutter am Folgetag nicht beruhigt. Sie wendet sich mit ihrer Beschwerde an die Leitung. Diese versucht, die Entscheidung Juttas zu erklären und die Mutter mit dem Verweis auf die Konzeption zu beschwichtigen. Die Mutter gibt sich damit jedoch nicht zufrieden und wiederholt in einem aggressiven Ton ihre Anschuldigung: „Das ist ja völlig klar, dass Sie zu Ihrer Mitarbeiterin halten. Das ist mir doch völlig egal, was da in Ihrer Konzeption steht. Ihre Mitarbeiterin ist schuld, wenn Lina krank wird. Bei dem Wetter nach draußen zu gehen, ist einfach unverantwortlich." Dann verlässt sie wutentbrannt das Büro und knallt die Tür hinter sich zu.
In den folgenden Wochen ignoriert Linas Mutter Jutta beim Bringen und Abholen und spricht auch mit der Leitung kein Wort. Jutta fühlt sich so unwohl, dass sie schon bei dem Gedanken an Linas Mutter Bauchschmerzen bekommt.

Die Mutter lässt das Ganze nicht auf sich beruhen und zieht noch ein paar andere Familien auf ihre Seite, die sich ähnlich unzufrieden gegenüber der Leitung und Jutta positionieren. Die Leitung geht in Abwehr und es kommt zum offenen Streit mit Linas Mutter. Obwohl sich dann der Träger als Vermittler einschaltet, wird deutlich, dass es nur noch darum geht, dass die Mutter erwartet, dass die Leitung und Jutta zur Verantwortung gezogen werden. Die eigentliche Ausgangssituation ist dabei bereits völlig in den Hintergrund gerückt.
Am Ende legt der Träger der unzufriedenen Mutter nahe, die Einrichtung zu wechseln, da er keinen Verstoß seiner Mitarbeitenden erkennen kann, und bietet ihr einen Platz in der benachbarten Einrichtung an. Die Mutter weigert sich weiterhin strikt und macht schlechte Stimmung gegen Leitung und Jutta. Zwischenzeitig droht sie sogar mit einer Anzeige wegen offensichtlicher Kindeswohlgefährdung.
Der Träger macht daraufhin Meldung nach § 47 und fordert unterstützende Beratung an. Es wird ein letzter Schlichtungsversuch in Begleitung eines/r externen Mediator:in angeraten, was von der Mutter abgelehnt wird. Sie fordert weiterhin die Kündigung der Leitung und Juttas. In Rücksprache mit der zuständigen öffentlichen Stelle fühlt sich der Träger genötigt, den Betreuungsvertrag außerordentlich aufzulösen. Nachdem die Mutter die Einrichtung verlassen hat, kommen andere Familien auf Jutta und die Leitung zu und bringen zum Ausdruck, dass sie die Arbeit der beiden sehr schätzen und nicht verstehen, warum die Situation derart eskalieren musste. Trotz des Zuspruchs beschließt Jutta, zukünftig in einer ähnlichen Situation lieber mit den Kindern drinnen zu bleiben, um nicht erneut in einen solchen Konflikt zu geraten. Sie ist seither eher zurückhaltend und vorsichtig im Umgang mit den Familien der Kinder.

Was ist hier passiert?

Zunächst einmal scheint es eine Meinungsverschiedenheit zwischen Jutta und der Mutter darüber gegeben zu haben, ob es angemessen war, mit den Kindern trotz schlechten Wetters nach draußen zu gehen. Vermutlich beziehen sich diese unterschiedlichen Ansichten darauf, was für die Kinder angemessen ist und welchen gesundheitlichen Risiken sie ausgesetzt werden sollten. Die Mutter ist sichtlich ärgerlich darüber, dass ihre Tochter bei schlechtem Wetter draußen war.

Jutta erklärt ihre Beweggründe, wie es zu der Entscheidung kam. Dabei übergeht sie das Befinden – Ärger und Sorge – der Mutter. In erster Linie rechtfertigt sie ihre Entscheidung und verliert dabei ihr Gegenüber aus dem Blick. Die Mutter fühlt sich nicht gesehen und ernst genommen, was sie in diesem Moment besonders ärgerlich macht. Möglicherweise steht die Mutter in dieser Situation gerade selbst unter Stress: vielleicht gab es Ärger auf der Arbeit und sie ist noch in dieser Stimmung oder es gab im Vorfeld bereits Gespräche mit ihren Arbeitgebenden, dass sie oft ausfällt, weil ihre Tochter krank ist. Unabhängig davon wird ihre Grundstimmung von Jutta verstärkt. Sie verlässt wütend mit einer Drohung gegen Jutta die Einrichtung. Jutta hofft, dass die Situation sich wieder beruhigen wird, informiert jedoch vorsichtshalber die Leitung.

Die Tatsache, dass Linas Mutter sich bei der Leitung beschwert hat, deutet darauf hin, dass sie sich nicht ausreichend gehört oder verstanden gefühlt hat. Es ist möglich, dass sie sich in ihrer Rolle als Mutter nicht respektiert oder ernst genommen fühlte, was zu Frustration und Wut führte. Sie betritt das Büro auf jeden Fall schon in aufgeheizter Stimmung.

Auch die Leitung wendet sich in dieser Situation nicht den tatsächlichen Beweggründen der Mutter zu, sondern nimmt die Mitarbeiterin vor der Mutter in Schutz. Das bringt das Fass für Linas Mutter endgültig zum Überlaufen. Naheliegend ist, dass sie das Gefühl hat, ihre Bedenken und Sorgen werden weder von Jutta noch von der Leitung ernst genommen und dass die beiden sich auch noch gegen sie verbündet haben. Um ihren Gefühlen Ausdruck zu verleihen, wird sie laut und knallt die Bürotür hinter sich zu.

Das führt zur Abwehrhaltung bei der Leitung und Jutta, die beide keine weiteren Kommunikations- und Schlichtungsversuche unternehmen. Die Mutter wiederum sucht sich Verbündete bei den anderen Familien. Es entstehen zwei Fronten. Würde man beide Seiten nach den Schuldigen in dieser Situation fragen, wäre vermutlich immer die Gegenpartei die schuldige. Ging es vorher im Streit eigentlich noch um Recht und Unrecht – wie ist was richtig bzw. nicht richtig –, schlägt dies um und es geht dann nur noch darum, einen Sieg davon zu tragen.

Die Tatsache, dass die Vermittlungsversuche des Trägers erfolglos bleiben, lässt vermuten, dass die Kommunikation zwischen den Parteien bereits so stark belastet ist, dass es unmöglich wird, zu einer Einigung zu gelangen. Das Angebot, mit Unterstützung die Einrichtung zu wechseln, wird von Linas Mutter abgelehnt. Hier liegt die Vermutung nahe, dass sie es als persönliche Niederlage werten würde, die Einrichtung zu verlassen.

Zieht man die Konfliktphasen nach Glasl mit zur Analyse hinzu, wird hier deutlich, dass der Konflikt soweit eskaliert und bereits in der dritten Ebene angekommen ist. Es geht nur noch darum, die andere Seite zu vernichten, und es ist der Mutter offensichtlich mittlerweile auch egal, was das für sie selbst oder für ihr Kind bedeutet. Sie zieht andere Familien mit in den Konflikt.

Die Konfliktphasen nach Glasl

!

Die 9 Stufen der Konfliktphasen nach Glasl bieten eine detaillierte Analyse des Verlaufs von Konflikten und helfen dabei, die Dynamik hinter Konflikteskalationen zu verstehen. Die **erste Ebene** mit den drei Stufen: **Verhärtung, Polarisation und Debatte, Taten statt Worte**, kennzeichnet die Anfänge eines Konflikts. Zunächst werden von den Konfliktparteien noch keine direkten Auseinandersetzungen geführt, aber Spannungen sind bereits spürbar. Es folgt das offene Ausdrücken von Meinungsverschiedenheiten, ohne jedoch direkt aggressiv zu werden. Es kann auch zu ersten wütenden Handlungen kommen. In dieser Stufe gehen beide Seiten noch davon aus, dass der Konflikt gemeinsam und zur Zufriedenheit beider Seiten lösbar ist.

Bereits in der **zweiten Ebene** ändert sich diese Überzeugung, nun wird die ganze Energie dahin gerichtet, dass es nur eine/n Sieger:in geben kann. Auch hier gibt es **drei weitere Eskalationsstufen: Sorge um Image und Koalitionen, Gesichtsverlust, Drohungen.**

In der **dritten Ebene** wird deutlich, dass der Konflikt so eskaliert ist, dass keine Seite mehr gewinnen kann. Es gibt den Versuch von **Vernichtungsschlägen** gegen den/die Andere:n. Es kommt zu **Zersplitterung** und im schlimmsten Fall **landen beide Seiten im Abgrund.**

Die Kenntnis dieser Konfliktphasen ermöglicht es, frühzeitig Interventionen zu ergreifen, um die Eskalation zu stoppen oder zu verhindern. Durch geeignete Kommunikation, Mediation und Konfliktlösungsstrategien können Konflikte aufgelöst oder zumindest auf einem niedrigeren Eskalationsniveau gehalten werden.

Abb. 5 Konfliktphasen nach Glasl

Genau in diesem Moment zieht der Träger die Reißleine. Da hier überhaupt keine Kooperationsbereitschaft seitens der Mutter mehr vorhanden ist und der Betreuungsvertrag in einem solchen Fall durchaus die Möglichkeit eröffnet, eine außerordentliche Kündigung zur Wiederherstellung des Hausfriedens anzustreben, holt er sich durch eine Meldung nach § 47 SGB VIII öffentliche Unterstützung. Der Konflikt ist in diesem Fall soweit eskaliert, dass trotz unabhängiger Schlichtungsversuche keine Zusammenarbeit von Fachkräften und Bindungsperson mehr möglich ist. Nachdem die Situation auch von außen als nicht mehr tragbar angesehen wird, ist der Weg für die außerordentliche Kündigung des Betreuungsvertrages geebnet. Der Träger sorgt in diesem Fall für eine letztmögliche Schadensbegrenzung, um Schaden von der Einrichtung, der Leitung und der Fachkraft fernzuhalten.

Meldepflicht nach § 47 SGB VIII

!

Im Rahmen des seit 1.1.2012 gültigen Bundeskinderschutzgesetzes sind nach § 47 SGB VIII Träger von erlaubnispflichtigen Einrichtungen verpflichtet, „Ereignisse oder Entwicklungen, die geeignet sind, das Wohl der Kinder und Jugendlichen zu beeinträchtigen“, unverzüglich anzuzeigen.
Besondere Vorkommnisse sind außergewöhnliche, „nicht alltägliche“ Ereignisse und Entwicklungen in einer Einrichtung, die sich in erheblichem Maße auf das Wohl von den Kindern auswirken bzw. auswirken könnten oder den Betrieb der Einrichtung gefährden.
Die Einschätzung darüber, ob ein solches Ereignis oder eine solche Entwicklung vorliegt, muss im Kontext einer auf den Kindesschutz ausgerichteten Grundhaltung getroffen werden.

Juttas Grundvertrauen in eine partnerschaftliche Zusammenarbeit ist im Anschluss an diese Erfahrung so erschüttert, dass sie trotz Zuspruch anderer Familien eher vorsichtig und zurückhaltend bleibt. Sie ist so verunsichert, dass sie zukünftig ähnliche Situationen eher zu vermeiden sucht.

Was könnten Jutta und die Leitung stattdessen tun?

Zunächst einmal hätte Jutta in der Situation innerlich einen Schritt zurückgehen müssen, um erst einmal zu erspüren, was in der Situation gerade passiert, wie es Linas Mutter geht und was deren eigentliches Anliegen ist.

Statt direkt in die Rechtfertigungshaltung zu gehen, hilft es erst einmal nachzufragen, um die Verhaltensweise und das damit verknüpfte Bedürfnis der Mutter besser zu verstehen. Im besten Fall zeigt Jutta in der Art und Weise, wie sie bei Frau Max nachfragt, so viel Einfühlungsvermögen, dass sich Frau Max von ihrem erhöhten Stresspegel runterregulieren kann und so ein Austausch auf Augenhöhe möglich wird.

Jutta:	„Frau Max, ich sehe, dass Sie wirklich verärgert sind. Ich würde gerne verstehen, was Sie gerade so ärgert?“
Frau Max:	„Ich ärgere mich, dass Sie heute bei diesem Wetter mit den Kindern draußen waren.“
Jutta:	„Ich höre, dass Sie sich Sorgen machen.“
Frau Max:	„Ich will nicht, dass Lina krank wird. Dann kann ich schon wieder nicht zur Arbeit.“
Jutta:	„Oh, das verstehe ich sehr gut. Gab es auf der Arbeit Ärger, weil Lina in der letzten Zeit häufiger krank war?“
Frau Max:	„Ja, das ist total anstrengend. Ich kann mir einfach nicht noch mehr Fehlzeiten erlauben.“
Jutta:	„Frau Max, ich kann Ihnen versichern, dass ich gut darauf geachtet habe, dass Lina und auch die anderen Kinder warm genug angezogen waren, als wir raus gegangen sind.“

Mit einem solchen Dialog kann schon vieles von vornherein vermieden werden, da Jutta von Anfang an bei dem Befinden der Mutter ist und bleibt. Die Chance, dass sie sich so verstanden fühlt, ist recht groß.

Natürlich lassen sich so nicht alle Konflikte im Keim ersticken. Wenn der Stresspegel des Gegenübers gerade exorbitant ist, dann wird Jutta die Mutter nur kaum auf diesem Weg erreichen, dann braucht es ein Ventil, um erst einmal Dampf abzulassen. Trotzdem sollte sich die Fachkraft recht bestimmt abgrenzen, wenn der Angriff sehr persönlich wird:

Jutta: „Frau Max, bitte lassen Sie uns sachlich bleiben. Ich höre mir gerne an, was Sie ärgert, und bitte Sie gleichzeitig, meinen Standpunkt anzuhören. Uns beiden geht es darum, dass es Lina gut geht. Ich bitte Sie mit den Anschuldigungen aufzuhören, wenn Sie so laut sind, dann fühle ich mich angegriffen."

Manchmal ist ein möglichst selbstbewusstes Auftreten hilfreicher, als wenn das Gegenüber die eigene Verunsicherung spürt. Sollte die Fachkraft gerade sitzen, hilft es, aufzustehen und sich gerade aufzurichten, um dem Gegenüber buchstäblich auf Augenhöhe zu begegnen.

Um die anwesenden Kinder zu schützen oder auch selbst Abstand zu der Situation zu gewinnen, kann es auch gut sein, die Situation zu vertagen:

Jutta: „Wir sollten das möglichst zeitnah miteinander klären. Bitte nicht jetzt vor den Kindern. Lassen Sie uns gleich nach nebenan gehen. Ich gebe noch kurz meiner Kollegin Bescheid."

Ähnliche Strategien sind auch der Leitung zu empfehlen, um möglichst mit dem/der Konfliktpartner:in im Dialog und in Beziehung zu bleiben. Außerdem ist es in der Regel immer günstiger, proaktiv auf die entsprechende Konfliktpartei zuzugehen und gemeinsam nach Lösungen zu suchen.

Im besten Fall sind dann Auseinandersetzungen auf Augenhöhe möglich, die auf Wertschätzung und Respekt basieren. Wenn Konflikte nicht per se als etwas Negatives angesehen werden, kann die partnerschaftlich und bedürfnisorientiert ausgerichtete Zusammenarbeit daran wachsen und intensiver werden.

> Konflikte können beziehungsstärkend sein, denn es gilt die Devise: Reibung erzeugt Wärme.

Ergänzend soll nicht unerwähnt bleiben, dass nicht jeder Konflikt lösbar ist. Es gibt Situationen, in denen Fachkräfte im Dialog mit einzelnen Personen an Grenzen stoßen. Dann wird es wichtig, sich selbst zu schützen und die eigenen Grenzen zu wahren. Das gilt vor allem bei gezielten Beleidigungen und körperlichen Übergriffen.

Eine Fachkraft muss nicht alles hinnehmen. Wenn sie sich in einer Situation befindet, in der sie sich unangemessen behandelt fühlt oder ihre berufliche bzw. persönliche Integrität verletzt wird, ist es legitim, sich klar zur Wehr zu setzen und für die eigenen Rechte einzutreten. Dies kann bedeuten, unmissverständlich sich abzugrenzen, klare Worte zu finden, Unterstützung von Vorgesetzten oder externen Fachstellen einzufordern oder im Extremfall auch rechtliche Schritte einzuleiten. Wenn eine partnerschaftliche Zusammenarbeit nicht mehr möglich ist, dann ist es wichtig, ggf. auch zum Schutz des Kindes, das sonst in einen Loyalitätskonflikt zwischen Familie und Kita gerät, das Betreuungsverhältnis zu beenden.

> Lieber ein Ende mit Schrecken als ein Schrecken ohne Ende.

Der verunsicherten Fachkraft Jutta sollte vom Träger ein Coaching oder eine Supervision ermöglicht werden, um das Geschehen aufzuarbeiten und neues Selbstvertrauen für die Zusammenarbeit mit den anderen Familien zu erlangen. Die anderen Familien haben gemäß der Grundannahmen aus Kapitel 1 das Recht auf Unvoreingenommenheit und eine neue Chance (siehe Seite 32).

6 „Können Sie eigentlich auch was anderes, als den ganzen Tag nur zu spielen?" Wie aus Vorwürfen Wünsche werden

In der täglichen Arbeit mit Kindern in Krippe, Kita und Kindertagespflege begegnen Fachkräfte immer wieder Fragen und Vorwürfen seitens der Eltern. Wird auf diese Art und Weise das Bildungsangebot bzw. die pädagogische Arbeit der Fachkräfte in Frage gestellt, gehen Fachkräfte nicht selten in Gegenwehr über und fühlen sich fachlich nicht anerkannt. Hinter der vermeintlichen Kritik der Bindungspersonen verbirgt sich jedoch in der Regel der tieferliegende Wunsch nach einer umfassenden Förderung und Betreuung ihres Kindes. Das folgende Beispiel widmet sich genau diesem Phänomen und zeigt auf, wie eine partnerschaftliche Zusammenarbeit zwischen Fachkräften und Eltern dazu beitragen kann, diese Bedürfnisse zu verstehen, um als Fachkraft damit entsprechend in Resonanz gehen zu können, ohne sich angegriffen oder zu wenig wertgeschätzt zu fühlen.

Das Beispiel

Auf einem Elternabend meldet sich Mellis Vater zu Wort. Er ist unzufrieden, dass seine Tochter mit fünf Jahren in der Kita nur spielt. Er leitet seinen Unmut mit den Worten ein: „Können Sie eigentlich auch noch was anderes, als den ganzen Tag nur zu spielen?" Aus seiner Sicht ist es an der Zeit, dass endlich spezielle Lernangebote gemacht werden. Er erinnert sich daran, dass er zu seiner Zeit im letzten Jahr vor der Schule Lernzettel bearbeitet hat.

Fachkraft Andi erwidert dem Vater daraufhin, dass sich die Zeiten geändert hätten und dass diese Lernzettel völlig überholt seien. Außerdem sei das Spiel alles, was ein Kind zum Lernen bräuchte.
Mellis Vater ist merklich unzufrieden mit dieser Antwort und betont, wie wichtig es für ihn ist, dass seine Tochter gut vorbereitet in die Schule geht. Er beendet das Gespräch mit den Worten: „Schließlich besteht das Leben ja nicht nur aus Spiel und Vergnügen." Ein Teil der Eltern in der Runde nickt zustimmend. Da Andi nicht weiter darauf eingeht, ist das Thema erst einmal beendet.
In den folgenden Tagen ist die Unzufriedenheit des Vaters weiterhin sehr präsent. Beiläufig lässt er immer wieder vorwurfsvolle Sätze fallen, dass er von diesem ganzen Freispiel nichts hält und auch nicht versteht, wie leicht es sich die pädagogischen Fachkräfte machten.
Andi ist enttäuscht, dass Mellis Vater kein Verständnis für die pädagogische Arbeit hat, die sie und ihre Kolleg:innen Tag für Tag leisten.

Was ist hier passiert?

In diesem Beispiel offenbart sich ein Unterschied in den Bildungsansätzen und Erwartungen zwischen einer Bindungsperson und einer pädagogischen Fachkraft. Mellis Vater äußert seine Unzufriedenheit darüber, dass seine Tochter in der Kita hauptsächlich spielt und keine speziellen Lernangebote erhält. Seine Erinnerung an Lernzettel aus seiner eigenen Kindheit prägt seine Vorstellung von Bildung. Er betont die Bedeutung einer strukturierten, lehrplanbasierten Vorbereitung auf die Schule.

Die Fachkraft Andi hingegen vertritt einen zeitgemäßen pädagogischen Ansatz, der die Bedeutung des Spiels als zentralen Bestandteil der kindlichen Entwicklung betont (vgl. Franz 2023, S.9ff.). Sie weist darauf hin, dass sich die Zeiten geändert haben und traditionelle Lernmethoden wie Lernzettel überholt sind. Andis Position basiert auf der Erkenntnis, dass Kinder durch das Spielen verschiedene Fähigkeiten und Kompetenzen entwickeln, die für ihre schulische und persönliche Entwicklung entscheidend sind.

Die Unzufriedenheit des Vaters und seine wiederholten Vorwürfe gegenüber den pädagogischen Fachkräften zeigen eine Diskrepanz in den Erwartungen und Vorstellungen von Bildung und Erziehung. Während der Vater einen formalen und strukturierten Bildungsansatz bevorzugt, der auf die Schule vorbereitet, betonen die Fachkräfte die Bedeutung des freien Spiels und einer ganzheitlichen Entwicklungsförderung.

Diese Diskrepanz führt zu Spannungen zwischen dem Vater und den pädagogischen Fachkraft, deren Klärung nur durch offene und respektvolle Kommunikation sowie eine gegenseitige Anerkennung verschiedener pädagogischer Ansätze möglich ist.

Aus dieser Situation heraus entsteht bei Andi der Eindruck, der Vater wertschätze ihre pädagogische Arbeit nicht ausreichend. Trotz ihrer Bemühungen, die Bedeutung des Spiels für die kindliche Entwicklung zu vermitteln und einen zeitgemäßen pädagogischen Ansatz zu vertreten, stößt sie auf Unverständnis und Kritik seitens des Vaters.

Um Andis Perspektive zu verstehen, ist es wichtig anzuerkennen, dass pädagogische Fachkräfte eine herausfordernde und anspruchsvolle Rolle innehaben, die oft unterschätzt und auch in der Gesellschaft bis heute nicht immer anerkannt wird. Fachkräfte arbeiten täglich daran, die individuellen Bedürfnisse jedes Kindes zu erkennen und zu unterstützen, eine sichere und anregende Lernumgebung zu schaffen und die Entwicklung in verschiedenen Bereichen zu fördern. Das Infragestellen seitens des Vaters und seine wiederholten Vorwürfe führen zu Frustration bei Andi.

Nur durch eine gegenseitige Wertschätzung und Anerkennung können Eltern und Fachkräfte gemeinsam daran arbeiten, eine unterstützende und förderliche Umgebung für das Wachstum und die Entwicklung der Kinder zu schaffen.

Was könnte Andi stattdessen tun?

Um die Situation aus einem konstruktiven Blickwinkel zu betrachten und mögliche Handlungsalternativen zu entwickeln, könnte Andi die sogenannten VW-Regel anwenden. Diese Regel folgt der Grundannahme, dass hinter jedem Vorwurf ein Wunsch steht (vgl. Prior 2023, S. 89f.). Anstatt sich defensiv zu rechtfertigen oder den Vorwürfen des Vaters auszuweichen, kann sie die hinter dem Vorwurf stehenden Bedürfnisse und Wünsche des Vaters erkennen und benennen.

In dem beschriebenen Beispiel steckt hinter dem Vorwurf: „Können Sie eigentlich auch etwas anderes, als den ganzen Tag zu spielen?" der Wunsch nach gezielten Lernangeboten, um die Tochter möglichst gut auf die bevorstehende Schule vorzubereiten.

Hinter jedem Vorwurf steckt ein Wunsch.

Mit dieser Erkenntnis im Gepäck hätte Andi empathisch auf den Vater eingehen und seine Bedenken bezüglich der Vorbereitung auf die Schule anerkennen können. Anstatt den traditionellen Ansatz abzulehnen, könnte sie erklären, wie das freie Spiel auch die für die Schule relevanten Fähigkeiten und Kompetenzen fördert. Sie könnte betonen, dass die Kita bestrebt ist, alle Aspekte der kindlichen Entwicklung zu unterstützen, einschließlich kognitiver, sozialer und emotionaler Fähigkeiten.

Eltern informieren

Sollte auch bei anderen Familien der Bedarf sichtbar werden, sich damit intensiver zu beschäftigen, wie Bildung in der Kinderbetreuung umgesetzt wird, bietet es sich an:

- die Familien zu Hospitationen einzuladen, bei denen sie das Freispiel und die pädagogische Arbeit aus nächster Nähe miterleben und anschließend mit den Fachkräften besprechen können.
- einen Infoabend für interessierte Familien zu den Themen Freispiel, Bildungsschätze im Alltag und Schulfähigkeit anzubieten.
- Fotodokumentationen zu verschiedenen Freispielsituationen zu erstellen und diese mit kurzen Sätzen zu kommentieren, um zu erläutern, in welchem Umfang hierbei Bildung auf den verschiedensten Ebenen stattfindet.

Darüber hinaus könnte Andi aktiv nach den Wünschen und Erwartungen des Vaters fragen, um herauszufinden, welche Art von Aktivitäten oder Unterstützung er sich für seine Tochter vorstellt. Indem sie den Dialog eröffnet und den Vater in den pädagogischen Prozess einbezieht, könnte Andi dazu beitragen, eine gemeinsame Grundlage zu finden und das Vertrauen sowie die Zusammenarbeit zwischen Eltern und Fachkräften zu stärken.

Indem Andi die VW-Regel anwendet und aus den Vorwürfen des Vaters Wünsche macht, könnte sie dazu beitragen, die Kommunikation zu verbessern und eine konstruktive Lösungsorientierung zu fördern, die letztendlich dem Wohl des Kindes dient.

Außerdem sollte Andi die emotionale Komponente mitbedenken. Möglicherweise trägt der Vater mehr oder minder unbewusst die Sorge in sich, seine Tochter könnte ohne gezielte Lernangebote später nicht gut in der Schule mitkommen. Im Einzelfall bietet sich in diesem Zusammenhang ein gezieltes Entwicklungsgespräch mit dem Vater an, um über bereits von der Tochter erworbene Fähigkeiten zu sprechen, die für den Schuleintritt relevant sind. Sollten Kompetenzen noch einen Entwicklungsbedarf haben, kann Andi anhand der Interessen des Kindes und den passenden Entfaltungsmöglichkeiten im Freispiel aufschlüsseln, wie sie beabsichtigt, das Kind in den nächsten Wochen und Monaten diesbezüglich weiter zu unterstützen.

Um mit dem Ärger, den Andi im Nachhinein darüber empfindet, in ihren täglichen Anstrengungen und Bemühungen um die professionelle Begleitung des Kindes nicht ernst genommen zu werden, besser umgehen zu können, bieten sich verschiedene Möglichkeiten an:

- Andi kann zunächst ihre eigenen Gefühle und Reaktionen reflektieren. Indem sie sich bewusst macht, wie sie sich fühlt und warum, kann sie besser verstehen, wie sie auf die Situation reagiert und welche Bedürfnisse sie hat.
- Andi kann dann offen und ehrlich mit Mellis Vater über ihre Gefühle sprechen. Sie kann ihm erklären, wie seine Kommentare sie beeinflussen und warum ihre pädagogische Herangehenswei-

se wichtig ist. Eine klare Kommunikation kann dazu beitragen, Missverständnisse zu klären und ein gegenseitiges Verständnis zu fördern.

- Andi kann darauf hinweisen, dass sowohl sie als auch Mellis Vater das Beste für das Kind wollen. Indem sie die gemeinsamen Ziele betont, wie die Begleitung und Unterstützung der Entwicklung der Tochter, kann sie eine Grundlage für Zusammenarbeit und gegenseitiges Verständnis schaffen.
- Andi kann auch die Unterstützung bei ihren Kolleg:innen und Vorgesetzten suchen. Durch den Austausch mit anderen Fachkräften, die ähnliche Erfahrungen gemacht haben, kann sie sich unterstützt fühlen und neue Perspektiven gewinnen. Manchmal ist es schon sehr entlastend zu merken, dass man nicht alleine mit der Thematik ist.
- Wenn Andi weiterhin mit mangelnder Wertschätzung konfrontiert wird, ist es wichtig, klare Grenzen zu setzen und sich selbst zu schützen. Dies kann bedeuten, bestimmte Gespräche zu vermeiden oder professionelle Unterstützung von Leitung, Träger oder externen Berater:innen in Anspruch zu nehmen.
- Indem Andi proaktiv mit ihren Gefühlen umgeht, offen kommuniziert und ihre eigenen Bedürfnisse erkennt, kann sie besser mit der mangelnden Wertschätzung umgehen und ihre pädagogische Arbeit weiterhin mit Engagement und Leidenschaft ausführen.

Exkurs: Der Übergang von der Kindertagesbetreuung in die Schule

Der Übergang von der Kindertagesbetreuung in die Schule markiert einen bedeutenden Meilenstein im Leben eines Kindes sowie seiner Familie. Um diesen Übergang möglichst sanft für alle Beteiligte zu gestalten, spielen die partnerschaftliche Zusammenarbeit und offene Kommunikation zwischen Fachkräften und Eltern eine entscheidende Rolle.

Die Familien tragen oftmals viele Sorgen in sich, zu denen sie Antworten und Lösungen bei den Fachkräften suchen, um sich möglichst beruhigt auf diesen nächsten entscheidenden Schritt mit ihrem Kind einlassen zu können.

Dazu gehören Fragen wie:

- Welche Schule passt am besten zu den Bedürfnissen und Fähigkeiten meines Kindes?
- Wird mein Kind den Übergang gut bewältigen?
- Wie können wir unser Kind auf den Schulstart vorbereiten und ihm den Übergang erleichtern?
- Wird mein Kind neue Freund:innen finden?
- Inwieweit wird mein Kind sich entsprechend anpassen und integrieren können?
- Inwieweit wird mein Kind hier in der Kindertagesbetreuung gut auf die Schule vorbereitet?
- Lernt mein Kind in der Kindertagesbetreuung genug, damit es in der Schule gut mitkommt?

Die Familien wünschen sich eine effektive Unterstützung seitens der Fachkräfte, um ihren Kindern den Übergang zu erleichtern und sie bestmöglich auf die neuen Herausforderungen vorzubereiten. Dabei ist es besonders wichtig, die frühkindliche Bildung, die in der Kita anders stattfindet als in der Schule, den Bindungspersonen transparent und verständlich zu vermitteln. Denn anders als in der Schule geht es

in der Kindertagesbetreuung nicht um vorgegebene Lernpläne, sondern um die individuelle Förderung der Persönlichkeitsentwicklung im Rahmen der verschiedenen Bildungsbereiche. Dabei spielen die Einbeziehung der Lebenswelten der Kinder, das selbstbestimmte Lernen und das Freispiel eine zentrale Rolle.
Die partnerschaftliche Zusammenarbeit zwischen Fachkräften und Familien ist daher essentiell bei der Bewältigung dieser Herausforderungen und Sorgen. Dabei eröffnet die Auseinandersetzung mit den Fragen und Bedenken der Familien der Fachkraft einen verstehensorientierten Zugang. Durch offene Kommunikation, gemeinsame Planung und die Bereitstellung von Ressourcen sowie Begleitung können Fachkräfte dazu beitragen, den Übergang für Kinder und Familien gleichermaßen positiv zu gestalten.

7 „Können die nicht einfach mal pünktlich sein?“ In Unterschieden die Gemeinsamkeiten entdecken

In der Zusammenarbeit von Fachkräften und Familien treffen immer wieder die unterschiedlichsten Werte aufeinander. Jede Familie und jede Fachkraft bringt, gemäß der eigenen Erfahrungen, ihre eigenen Werte mit – Werte, die bereits in der Kindheit vermittelt wurden und sich im Laufe des Lebens ganz individuell weiterentwickelt haben. Diese Werte prägen die eigene Persönlichkeit und sind entscheidend für das Handeln einer Person.

> Deine Werte sind der Kompass für dein Leben.
>
> *(Martin Luther King Jr.)*

Sie dienen als Orientierung für die eigene Einstellung und als „Regulierer“ des Denkens, Fühlens und Handelns im Umgang mit anderen Menschen. Dabei kommt es in der pädagogischen Arbeit immer wieder zu Wertekonflikten, weil eine Person gegen die Werte der anderen verstößt, indem z. B. eine Familie regelmäßig morgens zu spät kommt, es unterschiedliche Vorstellungen über die Selbstständigkeit der Kinder gibt oder wieder nicht an die Wechselwäsche gedacht wurde.

Das Beispiel

In der Kita „Zauberland“ findet jeden Morgen der Begrüßungskreis um 9.00 Uhr statt. Die Familien sind darüber informiert und werden gebeten, ihre Kinder vorher zu bringen, damit der gemeinsame Start in den Tag möglichst störungsfrei stattfinden kann.
Bei Familie Bernhard will das aber nicht so recht gelingen. Die beiden berufstätigen Mütter arbeiten beide im Schichtwechsel, mal die eine vormittags, während die andere nachmittags im Einsatz ist und umgekehrt. Mit drei Kindern, von denen zwei bereits zur Schule gehen, beginnt der Morgen oftmals sehr wuselig. Für die vierjährige Nele bleibt da nicht viel Zeit. Immer wenn Mama Caro morgens noch nicht zur Arbeit muss, kümmert sie sich darum, dass die beiden Schulkinder und ihre Frau bis 8.00 Uhr das Haus verlassen haben, weckt dann Nele und die beiden machen sich gemütlich fertig. Das hat zur Folge, dass es dann gegen 9.00 Uhr richtig knapp wird und Nele nicht pünktlich zum Begrüßungskreis da ist. Seit Neuestem stehen sie dann vor der geschlossenen Gruppentür und müssen warten, bis die Begrüßung beendet ist.
Fachkraft Rena regt das jedes Mal aufs Neue wieder auf. Sie kann nicht verstehen, warum Mama Caro es offensichtlich nicht schafft, pünktlich zu sein. Sie findet es zwar schade für Nele, ist aber auch davon überzeugt, dass es richtig war, die Regel einzuführen, dass Familien, die zu spät kommen, warten müssen, bis der Begrüßungskreis zu Ende ist. Außerdem ist sie der Meinung, dass es für Nele wichtig ist, frühzeitig zu lernen, pünktlich zu sein. In der Schule ist das ja später nun mal auch so.
Caro fühlt sich zunehmend unter Druck, weiß aber gerade nicht, wie sie das Dilemma lösen soll.

Was ist hier passiert?

In diesem Beispiel offenbart sich ein Konflikt, der auf die unterschiedlichen Lebensrealitäten und Wertvorstellungen von Familien und Fachkräften in der Kita zurückzuführen ist. Familie Bernhard, bestehend aus zwei berufstätigen Müttern mit einem komplexen Schichtwechsel, steht vor der Herausforderung, den Morgen mit drei Kindern – darunter die vierjährige Nele – zu bewältigen. Aufgrund der Schichtarbeit und der Notwendigkeit, die älteren Geschwister rechtzeitig zur Schule zu bringen, gerät Neles pünktliches Erscheinen zum Begrüßungskreis um 9.00 Uhr regelmäßig in Verzug.

Im Gegensatz dazu steht Fachkraft Rena, die die pünktliche Teilnahme am Begrüßungskreis als wichtig erachtet und die regelmäßig auftretende Unpünktlichkeit als Störung betrachtet. Rena bestraft das Zuspätkommen, indem sie die Tür schließt und das Kind mit seiner Mutter somit vor verschlossener Tür stehen lässt. Dabei vertritt sie die Ansicht, dass es wichtig sei, Kinder frühzeitig an Pünktlichkeit zu gewöhnen, da dies später in der Schule ebenfalls erwartet werde.

Diese Situation verdeutlicht die Herausforderungen einer bedürfnisorientierten Zusammenarbeit zwischen Kita und Familie. Während Familie Bernhard mit den praktischen Herausforderungen ihres Alltags kämpft und Flexibilität benötigt, um ihre familiären Verpflichtungen zu erfüllen, legt Fachkraft Rena Wert auf Struktur und Einhaltung von Regeln. Die mangelnde Flexibilität seitens der Kita führt in dieser Situation dazu, dass sich Mutter Caro nicht ausreichend unterstützt fühlt und die erwartete Pünktlichkeit sie zunehmend unter Druck setzt.

> Persönliche Werte sind wie Fingerabdrücke. Keiner hat dieselben. Aber du hinterlässt sie bei allem, was du tust.
>
> *(Elvis Presley)*

In diesem Konflikt treffen nicht nur die individuellen Bedürfnisse und Lebensrealitäten von Familie Bernhard und die Wertvorstellung der Fachkraft Rena aufeinander, sondern es manifestieren sich auch die divergierenden Werte und Interessen der beiden Systeme – Kita und Familie. Während die Kita das Bestreben hat, Struktur, Regeln und

Pünktlichkeit zu fördern, liegt Familie Bernhard vor allem daran, den komplexen Alltag mit Schichtarbeit und Kinderbetreuung bestmöglich zu bewältigen.

Was könnte Rena stattdessen tun?

Inmitten dieses Konflikts vergisst Fachkraft Rena offensichtlich, dass sowohl die Kita als auch die Familie eine gemeinsame Verantwortung für das Wohl und die Entwicklung des Kindes tragen. Es ist von entscheidender Bedeutung, dass beide Seiten erkennen, dass eine partnerschaftliche und bedürfnisorientierte Zusammenarbeit auf gegenseitigem Respekt, Verständnis und geteilter Verantwortung basieren sollte.

Dazu gehört auch, sich für die unterschiedlichen Bedürfnisse zu sensibilisieren. Anstatt sich ausschließlich auf die Umsetzung von Regeln und Pünktlichkeit zu konzentrieren, hätte Fachkraft Rena verschiedene Maßnahmen ergreifen können, um auf die Situation einfühlsamer und lösungsorientierter zu reagieren.

Rena könnte aktiv versuchen, die Perspektive und die Herausforderungen von Familie Bernhard zu verstehen. Durch offene Gespräche und eine empathische Haltung könnte sie dazu beitragen, Missverständnisse zu klären und eine vertrauensvolle Beziehung aufzubauen. Anstatt die Tür zu schließen und das Kind mit der Mutter vor verschlossener Tür warten zu lassen, hätte Rena einfühlsamer reagieren können, indem sie gemeinsam mit den beiden Müttern über mögliche Lösungen nachdenkt.

Rena hätte die Möglichkeit, flexiblere Ankunftszeiten für Nele zu vereinbaren, die es Familie Bernhard ermöglichen, den komplexen Alltag besser zu bewältigen. Dies könnte beispielsweise bedeuten, den Begrüßungskreis etwas später zu beginnen oder Nele die Möglichkeit zu geben, sich nach ihrem verspäteten Eintreffen unauffällig in den Kreis einzufügen.

Wie bereits herausgearbeitet, handelt es sich bei Rena um einen Wertekonflikt. Ein Wertekonflikt entsteht immer dann, wenn zwei Werte so im Gegensatz zueinanderstehen, dass sie nicht gleichzeitig zu berücksichtigen sind. Im Fall der zu spät kommenden Mutter handelt es sich um die Werte „Pünktlichkeit“ und „Sich-Zeit-Lassen“.

In Bezug auf den vorhandenen Wertekonflikt ist es wichtig, dass Rena und andere Fachkräfte in der Kita sich bewusst machen, dass die Werte und Lebensrealitäten der Familien vielfältig sein können und respektiert werden müssen. Rena sollte versuchen, den Wertekonflikt als Chance zu sehen, unterschiedliche Perspektiven zu verstehen und gemeinsam mit den Familien nach Lösungen zu suchen, die den Bedürfnissen aller gerecht werden. Eine offene und kooperative Kommunikation sowie die Bereitschaft zur Kompromissfindung sind entscheidend, um eine harmonische und unterstützende Zusammenarbeit zwischen Kita und Familie zu gewährleisten.

Das Wertequadrat von Schulz von Thun

Zur Lösungsfindung kann das Wertequadrat nach Friedemann Schulz von Thun sehr hilfreich sein (vgl. Cantzler 2022a). Mit diesem Modell wird verdeutlicht, dass sich hinter jedem Wert ein Unwert verbirgt und hinter jedem Unwert ein Wert. Damit wird es u. a. möglich, einen Perspektivwechsel vorzunehmen und in dem abgelehnten Wert des anderen „das Gute“ erkennen zu können.

Wenn die Werte und die dazugehörigen Unwerte in das Wertequadrat (Abb. 6) eingetragen werden, wird schnell deutlich, dass alle Beteiligten eigentlich für einen Wert auf der oberen Linie eintreten und es nicht grundsätzlich darum geht, den anderen zu verteufeln, indem dessen Werte auf einen der unteren Unwerte herabgesetzt werden. Hilfreich ist nun, gemeinsam die sogenannte „goldene Mitte“ zu finden. Jede/r betont aus seiner/ihrer Sicht einen Teil der Gesamtwahrheit. Die Lösung besteht darin, sich im Optimalfall nicht zu widersprechen, sondern sich in der Gegensätzlichkeit zu ergänzen (vgl. ebd.).

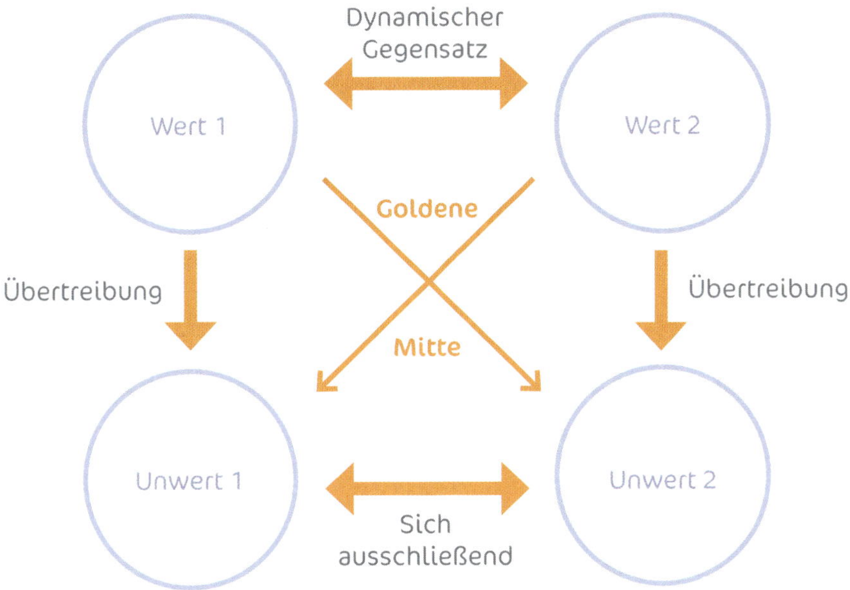

Abb. 6 Wertequadrat nach Remmert 2001-2011

Wenn sich Rena auf den Weg macht, um mit Hilfe des Wertequadrates einerseits herauszufinden, was positiv an dem Zu-spät-Kommen von Mutter Caro ist, und sie sich andererseits damit auseinandersetzt, wo ihr Wert einer partnerschaftlichen und bedürfnisorientierten Zusammenarbeit mit Mutter Caro entgegensteht, öffnen sich neue Perspektiven und Blickwinkel. Damit wird es oftmals leichter, dem anderen gegenüber gelassener zu reagieren. Ergänzend kann es sehr hilfreich sein, sich nicht in den vermeintlichen Unterschieden der entgegengesetzten Werte zu verlieren, sondern nach den Gemeinsamkeiten Ausschau zu halten. Das Wertequadrat ist damit eine wunderbare Methode für mehr Selbsterkenntnis, Verbindung und einen gelasseneren Umgang mit Menschen mit anderen Ansichten.

Werte kann man nur durch Veränderung bewahren.

Oftmals ist es auf den ersten Blick nur schwer erkennbar, dass sich hinter unerwünschten Eigenschaften wie Festhalten an Gewohntem, strengen Vorgaben, Selbstaufgabe, Egoismus, Misstrauen etc. letztendlich ein Wert bzw. eine Stärke verbergen. Manches Mal muss dann sehr genau hingeschaut werden, um hinter den einzelnen Werten die dazu gehörigen „Geschwisterwerte" zu erkennen. Diese gegensätzlichen Paare sind wichtig, damit aus einem Wert kein Unwert wird. Unter einem Unwert versteht man die abwertende Übertreibung des eigentlichen Wertes. Dann kann die Pünktlichkeit auch einmal in eine Betonung der Überpünktlichkeit ausarten. In Renas Fall zeigt sich diese Überbetonung der Pünktlichkeit als hohes Gut bereits daran, dass sie schon die bevorstehende Schulzeit mit heranzieht, obwohl bis dahin noch bis zu zwei Jahre Zeit sind – und obwohl dies bei den Bernhards überhaupt kein Problem darstellt, da die älteren Schulkinder jeden Tag zeitig in der Schule erscheinen.

Exkurs: Wieder zu spät abgeholt

Eine wiederkehrende Konfliktsituation ergibt sich oftmals dann, wenn Eltern regelmäßig ihr Kind erst nach der Schließzeit abholen und dadurch Mitarbeitende Überstunden machen müssen.

Der erste Schritt besteht darin, auf die Eltern zuzugehen und nachzufragen, woran es liegt, dass sie regelmäßig zu spät kommen. Stecken Gründe dahinter, die seitens der Eltern vermeidbar und veränderbar sind, gilt es, an die Eltern zu appellieren, das Kind zeitiger abzuholen, um Überstunden der pädagogischen Fachkräfte zu vermeiden. Vielen Eltern ist nicht zwangsläufig bewusst, dass die Fachkräfte dann diese Überstunden zu Zeiten ausgleichen müssen, in denen sie dann im Betreuungsalltag der Kinder fehlen.

Liegen andere Gründe vor, die beispielsweise mit den Arbeitszeiten der Eltern verknüpft sind, sollten sich Fachkräfte und Eltern gemeinsam auf Lösungssuche machen. Gibt es vielleicht im familiären Umfeld eine Person, die das Kind verlässlich abholen könnte oder gibt es Familien in der Kita, die das Kind gelegentlich mitnehmen können? In manchen Städten gibt es auch Leihgroßeltern, die Familien gerne entlasten. Manchmal lohnt es sich, gemeinsam einmal um die Ecke zu denken.

Hier und da kooperieren Krippen und Kitas auch mit Tagespflegestellen, die die Kinder dann gegen Bezahlung über die Schließzeiten hinaus betreuen.

Im äußersten Fall kann die Einrichtung in Rücksprache mit dem Träger in den Betreuungsverträgen eine Verspätungsgebühr vereinbaren, die sie dann einfordern können. Gemessen an den anfallenden Kosten kann dies eine Gebühr von 15 bis 20 Euro pro angefangene Viertelstunde sein.

Anstelle einer Verspätungsgebühr kann ein Träger auch eine schriftliche Abmahnung erteilen. Nach mindestens drei Abmahnungen kann dann eine Kündigung des Betreuungsvertrages ausgesprochen werden. Bevor Verspätungsgebühren eingeführt oder Abmahnungen ausgesprochen werden, sollte immer erst mit den Eltern in Ruhe gesprochen und nach alternativen Lösungen gesucht werden.

(Vgl. Müller-Kabisch 2028, S. 19f.)

8 „Das Kind könnte aber auch einfach mal zu Hause bleiben" Bedürfnisse erkennen, benennen und priorisieren

In der heutigen Gesellschaft stehen Familien und Bindungspersonen oft vor der Herausforderung, Familie und Beruf in Einklang zu bringen. Trotz des Wunsches, möglichst viel Zeit mit ihren Kindern zu verbringen, können verschiedene Umstände dazu führen, dass sie sich für die Betreuung in einer Kindertagesstätte entscheiden, selbst während der Urlaubszeit. Für Fachkräfte in der frühkindlichen Bildung kann diese Entscheidung mitunter verwirrend sein. Warum bringen Bindungspersonen ihre Kinder trotz Urlaubs in die Kita? Diese Frage wirft nicht nur ein Licht auf die komplexen Bedürfnisse von Familien, sondern betont auch die Notwendigkeit einer partnerschaftlichen und bedürfnisorientierten Zusammenarbeit zwischen Fachkräften und Familien.

Das Beispiel

Es sind Osterferien und Fachkraft Lukas beobachtet, dass der vierjährige Max Tag für Tag von beiden Elternteilen in die Kita gebracht wird. Aus einem Seitengespräch bekommt er mit, dass die Eltern Urlaub haben. Verärgert und leicht abwertend wendet sich Lukas an seine Kollegin: „Es ist schon komisch, dass Max jeden Tag ganz normal gebracht wird, obwohl seine Eltern offensichtlich Urlaub haben. Man würde doch denken, dass sie die Zeit nutzen, um mit ihm gemeinsam etwas zu unternehmen, gerade da Frau Tizian sonst so viel unterwegs ist. Warum muss der arme Kerl jeden Tag dann hier sein, wir sind doch keine Aufbewahrungsstelle, nur damit die Eltern Ruhe vor ihrem Kind haben."

Was ist hier passiert?

In diesem Beispiel beobachtet die Fachkraft, dass der vierjährige Max während der Osterferien von beiden Elternteilen in die Kita gebracht wird, obwohl seine Eltern Urlaub haben. Diese Beobachtung führt bei Lukas zu Verwunderung, da es für ihn viel selbstverständlicher wäre, dass die Eltern die freie Zeit nutzen, um gemeinsame Aktivitäten mit ihrem Kind zu unternehmen. Diese Erwartungshaltung basiert auf seiner individuell geprägten Annahme, dass Eltern während der Ferien typischerweise mehr Zeit mit ihren Kindern verbringen möchten.

Lukas äußert seine Verwunderung darüber in einem Seitengespräch mit seiner Kollegin, jedoch auf eine Art und Weise, die Verärgerung und eine gewisse Abwertung gegenüber den Entscheidungen der Eltern widerspiegelt. Seine Wortwahl, wie „komisch“ und „offensichtlich“, zeigt eine gewisse Verurteilung des Verhaltens der Eltern. Durch seine Äußerungen stellt Lukas das Verhalten der Eltern in Frage und äußert sich negativ darüber, dass Max trotz des Urlaubs seiner Eltern weiterhin in die Kita gebracht wird.

Darüber hinaus deutet Lukas' Aussage darauf hin, dass er die Kita nicht als geeigneten Ort ansieht, um Kinder während der Ferienzeit zu betreuen. Mit der Bemerkung „Wir sind doch keine Aufbewahrungsstelle“ setzt er die Bedeutung der Kindertageseinrichtung als Bildungsort und sozialer Raum für Kinder, an dem diese ihren Freund:innen begegnen, herab. Unbewusst erhöht er die Bedeutung der Familie, vor allem da er von vornherein davon ausgeht, dass durch die häufige Abwesenheit der Mutter Max einen Mangel an Zuwendung erfährt, den es nun auszugleichen gilt.

Insgesamt zeigt Lukas' Reaktion eine mangelnde Sensibilität gegenüber den möglichen Gründen und Bedürfnissen der Familie. Anstatt die Entscheidungen der Eltern zu respektieren und nach einem Verständnis für ihre Situation zu suchen, neigt er dazu, sie zu verurteilen und ihre Entscheidungen als falsch anzusehen. Dies verdeutlicht die Notwendigkeit einer sensiblen und respektvollen Kommunikation zwischen Fachkräften und Familien, um die Bedürfnisse der Kinder und ihrer Familien angemessen zu berücksichtigen.

Was könnte Lukas stattdessen tun?

Lukas könnte stattdessen versuchen, Verständnis für die Situation der Familie zu zeigen und sich einfühlsam mit ihnen auseinanderzusetzen. Anstatt vorschnelle Urteile zu fällen, könnte er versuchen, offene Fragen zu stellen, um mehr über die Gründe zu erfahren, warum Max trotz des Urlaubs von Mutter und Vater weiterhin in die Kita gebracht wird. Vielleicht gibt es familiäre Umstände, die Lukas nicht bekannt sind.

Durch eine respektvolle und empathische Kommunikation könnte Lukas den Eltern ermöglichen, ihre Entscheidung zu erklären. Die Erklärungsansätze für das Vorgehen von Familie Tizian können sehr vielfältig sein:

- Vater und Mutter möchten sich auf diese Weise etwas Zeit für sich nehmen, die durch die Dienstreisen zu kurz kommt und die ansonsten, wenn Frau Tizian dann da ist, für Max reserviert wurde.
- Die Familie hat gerade viele Erledigungen zu machen, was im Alltag gerne auf der Strecke bleibt und wofür der Urlaub nun reserviert wurde. Max soll währenddessen seinen gewohnten Tagesrhythmus beibehalten.
- Vielleicht gibt es eine kurzfristig aufgetretene familiäre Belastung, z. B. eine Erkrankung nahestehender Verwandter, die eine zusätzliche Belastung für die Eltern darstellt. Der Kitabesuch gibt Max dabei die gewohnte Struktur.
- Max selbst besteht darauf, sich mit seinen Freund:innen in der Kindertagesbetreuung zum Spielen zu treffen, und ihm reicht die Zeit nach der Kindertagesbetreuung mit Vater und Mutter völlig aus.

Hier wird deutlich, dass es sich lohnt, sich Gedanken darüber zu machen, wer in dieser Situation das eigentliche Problem mit der Gesamtsituation hat. Diesbezüglich sollte Lukas sich selbst reflektieren und erkennen, dass sein Verhalten und seine Einstellung möglicherweise einen negativen Einfluss auf die Situation haben. Indem er sich bewusst macht, dass sein Urteil über die Entscheidungen der Eltern unfair sein könnte und dass er möglicherweise nicht alle Informationen hat, um die Situation vollständig zu verstehen, wird es ihm möglich, seine Einstellung und sein Verhalten anzupassen. Letztendlich kann er dann erkennen, dass das Problem nicht zwangsläufig bei der Familie oder bei Max liegt, sondern möglicherweise in seiner eigenen Wahrnehmung und seinem Umgang mit der Situation.

Seine Wahrnehmung ist wiederum dadurch geprägt, was er glaubt, wie eine Familie zu sein hat und was ein Kind von seiner Familie braucht. In unserem Beispiel schwingt bei Lukas mit, dass Max seine Mutter durch ihre für Lukas außergewöhnliche Berufstätigkeit und damit häufig verbundene Abwesenheit stark vermissen könnte. Lukas geht ohne nähere Beobachtung und Evaluation seiner Annahmen davon aus, dass Max darunter leidet, dass er dies nun im Urlaub seiner Eltern nicht nachholen kann.

In diesem konkreten Beispiel ist das jedoch nicht vordergründig erkennbar. Deswegen gilt es, erst einmal genauer hinzuschauen, welche Bedürfnisse Max durch sein Verhalten zeigt:

- Kommt er gerne in die Kinderbetreuung?
- Verabschiedet er sich freudig von seinen Eltern?
- Spielt er den Tag über wie gewohnt mit seinen Freund:innen?
- Begrüßt er freudig die Eltern in der Abholsituation?

Sollte Lukas aufgrund dieser Fragen feststellen, dass Max sich mit der Situation wohlfühlt, dann gibt es keinerlei Handlungsbedarf. Dann kann er höchstens interessehalber bei den Eltern nachfragen, um die Gesamtsituation besser zu verstehen. Alles Weitere liegt dann in der Entscheidung der Familie.

Ist aufgrund der Fragen ein abweichendes Verhalten bei Max zu beobachten, dann kann Lukas auf dieser Basis das Gespräch suchen. Zugewandt und dialogisch gilt es dann herauszufinden, was hinter der Entscheidung der Eltern steht. Je nach Antwort ist dann abzuwägen, inwieweit Max nicht doch mehr Zeit mit Vater und Mutter verbringen kann oder ob die Familie Unterstützung braucht, um Max in dieser für ihn wenig zufriedenstellenden Situation anders zu begleiten und zu stärken.

In diesem Moment wird Lukas zum Mittler der verschiedenen Bedürfnisse des Kindes und der Familie. Zunächst einmal stehen diese Bedürfnisse gleichwertig nebeneinander und gleichzeitig gilt es herauszufinden, welches Bedürfnis an dieser Stelle zu priorisieren ist (vgl. Wedewardt & Hohmann 2021, S. 69). Um diesen Aushandlungsprozess möglichst allparteilich zu begleiten, braucht Lukas eine klare Verortung, was er selbst darüber denkt und inwieweit dies möglicherweise auch biografisch verankert ist. Dafür bedarf es der biografischen Selbstreflexion, wie und wodurch sein Familien- und Menschenbild geprägt worden ist (vgl. Wedewardt & Cantzler 2022, S. 32–24).

Exkurs: Das Recht des Kindes auf Ruhe, Freizeit und Spiel

In manchen Situationen stellt sich Fachkräften immer wieder die Frage, inwieweit ein Kind nicht auch ein Recht auf Urlaub hat, vor allem wenn es keine festen Schließzeiten gibt.

Rechtlich gesehen ist das gar nicht so einfach, denn der gesetzliche Rahmen sieht keine zeitliche Beschränkung vor. Das Recht auf Betreuung ist am Bedarf der Familien ausgerichtet und besteht das ganze Jahr über. Meldet die Familie also das ganze Jahr einen Bedarf an Betreuung an, dann hat sie auch das ganze Jahr einen Anspruch darauf. Selbst während der in manchen Kitas vorgegebenen Schließzeiten ohne Notbetreuung oder anderer Alternative besteht ein Betreuungsanspruch gegenüber dem Jugendamt. Vertragliche Regelungen, nach denen Kinder eine bestimmte Zeit zu Hause bleiben müssen, sind deshalb schwierig (vgl. Kitarechtler 2018).

Auch hier bleiben letztlich nur der Appell an die Familien und der Hinweis auf das Bedürfnis des einzelnen Kindes, sich von dem anstrengenden Kita-Alltag über einen längeren Zeitraum zu erholen.
Im Einzelfall kann die Fachkraft noch die UN-Kinderrechtskonven-

tion mit hinzuziehen. In Artikel 31, Abs. 1 wird das Recht des Kindes auf Ruhe und Freizeit, auf Spiel und altersgemäße aktive Erholung explizit benannt, aus dem sich ableiten lässt, dass dem Kind auch einfach mal Urlaub von der Kindertagesbetreuung zusteht (vgl. Langhammer 2019).

9 „Wieso wollen die das nicht einfach mal abklären lassen?" Annehmen können braucht Zeit

Die bedürfnisorientierte und partnerschaftliche Zusammenarbeit zwischen Fachkräften und Familien in der Kita ist von zentraler Bedeutung für das Wohlergehen und die Entwicklung jedes Kindes. Inklusion, als eines der grundlegenden Prinzipien, erfordert jedoch oft zusätzliche Maßnahmen und Ressourcen, um sicherzustellen, dass jedes Kind die bestmögliche Unterstützung erhält. Ein Aspekt, der dabei häufig übersehen wird, ist die Erfahrung der Familien selbst, insbesondere wenn es darum geht, zu verstehen und zu akzeptieren, dass für ihr Kind ein Antrag auf Einzelfallhilfe gestellt werden soll und dafür weitere Abklärungen notwendig werden.

Das Beispiel

Die Fachkräfte Tine und Murat haben Familie Müller zu einem Gespräch gebeten, um ihnen mitzuteilen, dass die vierjährige Frieda Anzeichen einer Entwicklungsverzögerung zeigt und möglicherweise zusätzliche Unterstützung in der Kita benötigt. Für die Müllers ist dies ein unerwarteter Wendepunkt, da sie bisher davon ausgegangen waren, dass Frieda sich altersgemäß entwickelt.
Im allerersten Moment verstummen die beiden Bindungspersonen, sie sind von dieser Nachricht erst einmal überrumpelt. Dann schüttelt Friedas Vater vehement den Kopf und sagt: „Das kann doch gar nicht sein. Frieda ist doch so aufgeweckt. Und das, was Sie da beschreiben, dass

wird sich doch ganz bestimmt noch entwickeln. Andere Kinder können das doch auch nicht so gut." Die Mutter verhält sich zunächst passiv. Murat ist sich in diesem Moment nicht sicher, ob sie wirklich gerade versteht, worüber gesprochen wird. Sie scheint eher abwesend.
Tine versucht, den Eltern zu erklären, warum es jetzt besonders wichtig ist, dass die Eltern sich um einen Termin in einer Fachstelle kümmern, um alles Weitere diagnostisch abzuklären.
Die Müllers zögern, eine solche Abklärung durch Fachstellen vornehmen zu lassen, da sie befürchten, dass dies Frieda stigmatisieren könnte und sie sich mit einer möglichen Diagnose überfordert fühlen könnten. Sie bestehen weiterhin darauf, dass das ganz bestimmt nicht so schlimm sei und sich das Ganze in ein paar Wochen sicher von selbst gelöst habe.
Aus diesem Gespräch ergibt sich zunächst kein Vorankommen, deswegen wird verabredet, in der nächsten Zeit ein weiteres Gespräch zu führen. Das Paar solle sich erst einmal in Ruhe besprechen und käme dann bestimmt selbst zu der Erkenntnis, dass dies für Frieda der beste Weg sei.
Als Familie Müller die Gesprächssituation verlassen hat, kommen Tine und Murat miteinander ins Gespräch. Tine äußert ihr Unverständnis über die Reaktion der Müllers. Auch Murat fällt es schwer zu verstehen, warum die beiden sich gegen eine Abklärung und damit gegen eine gezielte Unterstützung für Frieda so sperren. Aus ihrer Sicht wäre es einfach das Beste für das Kind.
Die Mutter wirkt in den folgenden Wochen sehr zurückgezogen und traurig. Wenn der Vater Frieda abholt, ist sein Unterton grimmig und eher ablehnend. Weitere Gesprächstermine werden verweigert.
Murat und Tine machen sich Sorgen, wie es nun weitergehen soll, beschließen aber auf jeden Fall am Ball zu bleiben.

Was ist hier passiert?

Im vorliegenden Beispiel haben die Fachkräfte Tine und Murat der Familie Müller mitgeteilt, dass ihre vierjährige Tochter Frieda Anzeichen einer Entwicklungsverzögerung zeigt und möglicherweise zusätzliche Unterstützung in der Kita benötigt.

Die Reaktion der Eltern darauf ist von Schock, Verleugnung und Abwehr geprägt. Sie sind zunächst überrumpelt und können die Nachricht nicht akzeptieren. Der Vater verneint vehement die Möglichkeit einer Entwicklungsverzögerung und glaubt, dass sich alles von selbst lösen wird. Die Mutter reagiert passiv und abwesend.

Obwohl Tine versucht, den Eltern die Wichtigkeit einer weiteren diagnostischen Abklärung zu erklären, zögern die Müllers und lehnen dies ab, aus Sorge vor Stigmatisierung und Überforderung. Sie verweigern weitere Gesprächstermine und zeigen keine Bereitschaft zur Zusammenarbeit.

Die Situation führt zu einer Verschlechterung des familiären Klimas, mit der Mutter, die sich zurückzieht, und dem Vater, der zunehmend grimmig und ablehnend reagiert. Insgesamt zeigt das Fallbeispiel eine Ablehnungshaltung gegenüber der Möglichkeit einer Entwicklungsverzögerung bei Frieda und eine Weigerung, professionelle Unterstützung anzunehmen.

Die Fachkräfte Tine und Murat sind besorgt über die Reaktion der Müllers. Sie sind bemüht, die Wichtigkeit einer weiteren diagnostischen Abklärung und zusätzlichen Unterstützung für Frieda zu erklären.

Im Anschluss an das Gespräch äußert Tine ihr Unverständnis über die ablehnende Haltung der Müllers und betont, dass es im Interesse von Friedas weiterer Entwicklung wäre, frühzeitig Unterstützung zu erhalten. Murat teilt diese Ansicht und ist ebenfalls verwirrt über die Weigerung der Eltern, die Situation anzuerkennen und Maßnahmen zu ergreifen.

Die Fachkräfte versuchen, einfühlsam zu sein und die Müllers zu ermutigen, Hilfe anzunehmen, um Frieda bestmöglich zu unterstützen. Sie sind besorgt darüber, dass die Ablehnungshaltung der Eltern negative Auswirkungen auf Friedas Entwicklung haben könnte, und sind entschlossen, weiterhin Unterstützung anzubieten und auf eine Lösung hinzuarbeiten.

Bei näherer Betrachtung befindet sich Familie Müller gerade in einem intensiven Veränderungs- und Annehmensprozess, der von einer gewissen Abwehr und Traurigkeit überschattet ist. Keine Bindungsperson setzt sich gerne damit auseinander, dass das eigene Kind sich anders als andere Kinder entwickelt.

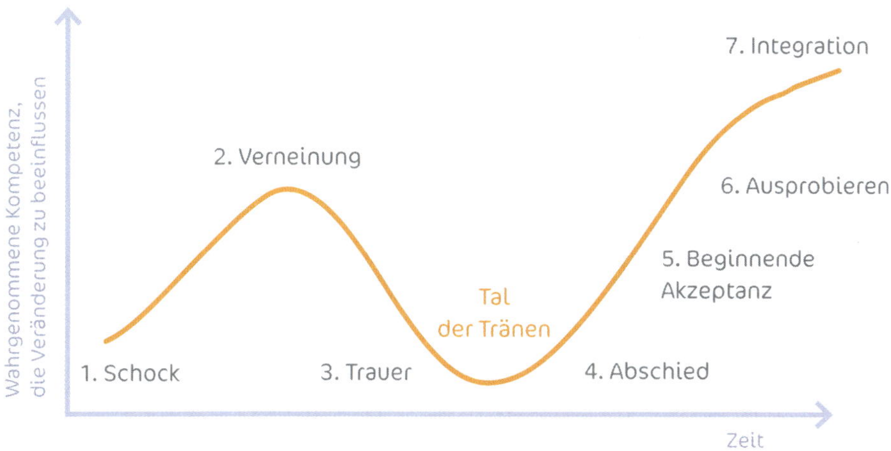

Abb. 7 Die Veränderungskurve

Die Veränderungskurve nach Kübler-Ross

Die Kübler-Ross-Veränderungskurve geht zurück auf die Erkenntnisse der Psychiaterin Elisabeth Kübler-Ross und bietet einen wertvollen Rahmen, um die emotionalen Prozesse zu verstehen, die Familien in den unterschiedlichsten Situationen durchlaufen, wenn es zu unerwarteten Veränderungen kommt. Kübler-Ross hat sich ursprünglich mit Trauerprozessen beschäftigt. Dieses Wissen fließt hier mit ein. Die Nachricht, dass in der Entwicklung eines Kindes etwas anders als erwartet verläuft, ist mit einem solchen Trauerprozess vergleichbar. Die Veränderungskurve (s. Abb. oben) teilt diesen Prozess in sieben Phasen ein:

Nach Ankündigung einer notwendigen Veränderung reagieren die Beteiligten mit **Schock und Verleumdung**. Manchmal ist der Veränderung eine negative Vorahnung vorausgegangen, die dann plötzlich real wird. In dieser 1. Phase fühlen sich die Betroffenen handlungsunfähig. Die Dauer und Schwere des Schocks ist davon abhängig, wie betroffen der/die Einzelne von dem ist, worum es im Kern geht.

Auf den Schock folgt dann die **Verneinung und Abwehr**. In dieser 2. Phase wird die Veränderung zunächst abgelehnt und teilweise verdrängt. Die Person weist die Veränderung von sich mit den Worten: „Das alles betrifft mich sowieso nicht. Das geht nur die anderen etwas an." Dies geschieht zunächst aus dem Selbstschutz heraus, sich nicht mit den Folgen auseinandersetzen zu müssen.

In der nächsten Phase folgt dann die **Trauer**, im Einzelfall auch Depression. Die Person befindet sich im sogenannten „Tal der Tränen". Die Veränderungsbereitschaft befindet sich auf dem Nullpunkt. Gefühle wie Wut, Frust und Aggression sind keine Seltenheit. Es braucht viel Fingerspitzengefühl, das Gegenüber hier wieder herauszuholen.

Als nächstes folgt die Phase des innerlichen **Abschieds**. Das Alte wird losgelassen und die Person setzt sich mit den neuen Gegebenheiten auseinander. Dies geschieht zunächst mehr auf der rationalen Ebene. Die Kooperationsbereitschaft ist auch in dieser Phase weiterhin auf dem Nullpunkt. Ermutigende und motivierende Worte finden oftmals kein Gehör.

Erst in der 5. Phase wird die beginnende **Akzeptanz** für die Veränderung spürbar. Die Person lässt sich langsam auf die neue Situation ein. Der Grad der Kooperationsbereitschaft erhöht sich. Für die Fachkraft bietet sich erst dann die Möglichkeit, die weitere Zusammenarbeit konkret und effektiv anzustoßen, indem sie Perspektiven und mögliche Wege aufzeigt.

Daran schließt sich die Phase des **Ausprobierens** an. Die Familien geben dem Neuen eine Chance und können der Veränderung sogar etwas

Gutes abgewinnen. Es wird nach Wegen gesucht und experimentiert. Mit der 7. Phase, der **Integration**, haben sich alle am Prozess Beteiligten mit der neuen Situation, den neuen Rollen und den veränderten Strukturen vertraut gemacht. Die Veränderung wird als Normalität empfunden und angenommen. Es kehrt ein Gefühl von Sicherheit und Zufriedenheit ein.

(vgl. Cantzler 2020)

Die Reaktionen der Müllers auf die Nachricht über Friedas mögliche Entwicklungsverzögerung lassen sich daher gut mit der Veränderungskurve nach Kübler-Ross (s. Abb. 7) analysieren:

1. Schock und Verleugnung: Die Müllers sind zunächst überrumpelt und reagieren mit Schock und Verleugnung. Sie können die Nachricht nicht akzeptieren und glauben, dass es sich um ein Missverständnis handelt. Der Vater leugnet vehement die Möglichkeit einer Entwicklungsverzögerung und ist fest davon überzeugt, dass sich alles von selbst lösen wird.
2. Verneinung und Abwehr: Die Müllers wehren sich gegen die Empfehlung einer weiteren Abklärung und zusätzlichen Unterstützung für Frieda. Sie fürchten, dass eine Diagnose sie überfordern und Frieda stigmatisiert werden könnte. Daher lehnen sie die Hilfe der Fachkräfte ab und versuchen, die Situation zu ignorieren oder zu minimieren. Die Müllers versuchen, das Problem zu umgehen, indem sie weitere Gespräche und Entscheidungen über eine Abklärung aufschieben. Sie hoffen, dass sich die Situation von selbst verbessern wird, ohne dass sie zusätzliche Maßnahmen ergreifen müssen.
3. Trauer: Die Mutter zeigt Anzeichen von Depression und Rückzug, während der Vater distanziert und ablehnend reagiert. Diese Phase wird durch Gefühle der Trauer, Hilflosigkeit und Resignation gekennzeichnet, da die Müllers mit der Realität konfrontiert werden, dass Frieda möglicherweise besondere Unterstützung benötigt.

Da das ganze Geschehen ganz frisch für die Müllers ist, befinden sie sich noch im Tal der Tränen. Die weiteren Phasen sind noch nicht erreicht, was sich darin zeigt, dass die Müllers weiterhin eine Abklärung und Unterstützung für Frieda ablehnen. Sie bleiben zunächst in einem Zustand der Verleugnung, Abwehr und Trauer stecken.

Häufig wird seitens der Fachkräfte versucht, eine Zusammenarbeit zu forcieren, ohne das Befinden der jeweiligen Familie zu berücksichtigen. Das führt dann oft dazu, dass der Prozess wie in unserem Beispiel stagniert oder zum Stillstand kommt.

Was könnten Tine und Murat stattdessen tun?

Mit dem Wissen um die verschiedenen Phasen der Veränderungskurve und die damit verbundenen Gefühlen ist es den Fachkräften möglich, die Widerstände und Blockaden zu analysieren und der Familie mit Verständnis zu begegnen. So versuchen sie nicht gegen, sondern mit dem Widerstand zu arbeiten.

> Der Schlüssel zum Erfolg besteht darin, **mit** und **nicht** gegen den Widerstand zu arbeiten.

Anhand der Veränderungskurve nach Kübler-Ross können Tine und Murat das Verhalten der Müllers einordnen und verstehen, dass sie zunächst in einem Zustand des Schocks und der Verleugnung sind. Die damit verbundenen Gefühle können sie aufgreifen, ihnen Verständnis entgegenbringen und ihnen Zeit geben, die Nachricht zu verarbeiten, ohne Druck auszuüben. Oftmals ist es genau in der Situation, in der die Familien erstmals mit den Informationen konfrontiert sind, hilfreich, die Fortsetzung des Gesprächs zu vertagen. Murat und Tine können signalisieren, dass sie Verständnis dafür haben, dass das jetzt erst einmal ein Schock für die Müllers ist.

Wird das Gespräch trotzdem fortgesetzt, ist es wichtig, dass die Fachkräfte verstehen, dass die Müllers sich gegen die Empfehlungen sträuben, da sie fürchten, dass eine Diagnose ihre Tochter stigmatisieren könnte. Tine und Murat können dann herausstellen, dass ein frühzeitiges Handeln sich positiv auf Friedas Entwicklung auswirken kann. Sie sollten ihre Bereitschaft bekräftigen, die Müllers in diesem Prozess zu begleiten und bestmöglich zu unterstützen.

Immer dann, wenn Tine und Murat erkennen, dass die Familie in den Widerstand geht, indem sie beispielsweise Gespräche aufschieben, heißt das, den Druck zu minimieren und trotzdem beharrlich zu bleiben. Sie sollten Müllers ermutigen, offene Fragen zu stellen und ihre Bedenken zum Ausdruck zu bringen.

Angesichts der Trauer der Mutter und der zunehmenden Ablehnung des Vaters sollten Tine und Murat Mitgefühl zeigen. Sie können betonen, dass es normal ist, in einer solchen Situation traurig und überwältigt zu sein, und immer wieder Hilfe anbieten, um die Müllers durch diese schwierige Phase zu begleiten.

Tine und Murat sollten geduldig und beharrlich in ihrem Bemühen bleiben. Das wird manches Mal frustrierend sein und das Gefühl auslösen, im Schneckentempo oder gar nicht voranzukommen. Es gilt, hoffnungsvoll zu bleiben und gleichzeitig die Familie zu unterstützen, egal welche Entscheidungen diese letztendlich trifft.

Auch für die Bindungspersonen gilt, dass es nicht zielführend ist, sie zu etwas zu drängen, zu dem sie selbst noch gar nicht in der Lage sind, es zu akzeptieren und entsprechend mitzuziehen. Auch sie brauchen Zeit, um mit den Aufgaben, Anforderungen und Herausforderungen zu wachsen.

Durch ihre einfühlsame Begleitung entlang der Veränderungskurve nach Kübler-Ross könnte es Tine und Murat gelingen, eine unterstützende Beziehung zu den Müllers aufzubauen und ihnen dabei behilflich zu sein, die Herausforderungen anzunehmen und konstruktiv damit umzugehen.

Auch für die einzelnen Bindungspersonen gilt: Das Gras wächst nicht schneller, wenn man daran zieht.

Reflexion: Der Weg ist das Ziel

Viel zu oft liegt der Fokus in erster Linie darauf, welche Veränderungen noch anstehen und was alles noch nicht erreicht wurde. Dabei gerät oftmals das bereits Geschaffte aus dem Blick und der noch vor einem liegende Weg erscheint endlos. Deswegen lohnt ein Innehalten, um auf das bereits Geschaffte zu schauen:

- Wann habe ich die Familie erstmalig informiert?
- Was hat sich seither Schritt für Schritt verändert?
- Was konnte die Familie bereits annehmen und vielleicht auch schon umsetzen?
- Was hat zu diesem Prozess bislang förderlich beigetragen? Worauf sollte ich besser vorerst verzichten?
- Was kann ich daraus für den weiteren Prozess mitnehmen?
- Was ist der nächstmögliche Schritt?

Und dann darf die Fachkraft einfach mal das bislang Erreichte genießen und sich daran erfreuen. Daraus gilt es, die Kraft zu schöpfen für den weiteren gemeinsamen Weg mit der Familie.
Je nach Vertrauensverhältnis kann dies auch gemeinsam mit der Familie angeschaut und gewürdigt werden. Auch die Familien können ein bisschen Kraft und Mut auf ihrem Weg gut brauchen.

10 „Was hat dir denn dein Vater schon wieder zu Essen mitgegeben?“ Wenn das Beste nicht gut genug erscheint

Die effektive Zusammenarbeit zwischen pädagogischen Fachkräften und Familien bildet das Fundament für eine erfolgreiche Lern- und Entwicklungsbegleitung von Kindern. Oft stehen Fachkräfte vor der Herausforderung, die abweichenden Praktiken der Familien anzunehmen oder sie davon zu überzeugen, dass etwas anderes förderlicher oder gesünder für das Kind wäre. Nicht immer zeigen sich Familien kooperationsbereit. Dann bedienen sich Fachkräfte der indirekten Kommunikation als Mittel, um subtil Einfluss auf die Vorstellungen und Praktiken der Familie zu nehmen. Diese Kommunikation wird dann oftmals über die Kinder ausgetragen, was bei dem Kind zu Loyalitätskonflikten führen kann.

Das Beispiel

Beim Frühstück beobachtet Gertrud, wie der fünfjährige Tim seine Brotdose voller ungesunder Leckereien auspackt. Da dies nicht zum ersten Mal vorkommt, obwohl das Thema schon mehrfach mit dem Vater von Tim besprochen wurde, sagt sie zu Tim: „Hey Tim, was hat dir denn dein Vater heute wieder für ungesundes Zeug zum Frühstück mitgegeben?“ Leicht verunsichert zeigt Tim seine Dose und antwortet: „Oh, heute hat er mir Schokocreme-Sandwiches gemacht! Und dazu noch ein paar Bonbons mit in die Dose getan!“ Getrud seufzt und fährt fort: „Tim, aber du weißt doch, wie wichtig es ist, gesunde Sachen zu essen, damit du

stark und fit bleibst. Vielleicht kannst du deinem Papa sagen, dass du gerne auch mal Obst oder Vollkornbrot zum Frühstück hättest."
Tim, der es Gertrud gerne recht machen möchte, nickt zaghaft und verspricht, es seinem Vater zu sagen. Gertrud hofft, dass Tim durch kleine Hinweise wie diesen Schritt für Schritt seinen Vater davon überzeugen kann, ihm gesünderes Essen mitzugeben. Wenn der Vater schon nicht auf die Fachkräfte hört, dann vielleicht wenigstens auf sein Kind.

Was ist hier passiert?

In dieser Situation wird deutlich, dass Gertrud Tim in gewisser Weise instrumentalisiert, um den Vater besser zu erreichen. Obwohl es wichtig ist, dass Fachkräfte wie Gertrud das Wohl des Kindes im Auge behalten und sich um seine Gesundheit kümmern, ist es auch entscheidend, dass sie die Grenzen ihrer Rolle respektieren.

Indem Gertrud Tim direkt anspricht und ihn fragt, was sein Vater ihm zum Frühstück gegeben hat, setzt sie ihn in eine Position, in der er möglicherweise zwischen den Anweisungen der Fachkraft und den Erwartungen seines Vaters hin- und hergerissen ist. Tim wird damit quasi als Vermittler zwischen Fachkraft und Familie benutzt, um die Botschaft von Gertrud indirekt an seinen Vater weiterzugeben.

Gertrud hofft, dass Tim durch seine Aussagen seinem Vater gegenüber dazu beitragen kann, ihm gesündere Lebensmittel mitzugeben. Jedoch sollte sie sich bewusst sein, dass sie damit auch in das familiäre System eingreift und die Dynamik zwischen Tim und seinem Vater beeinflusst. Es ist daher wichtig, dass Fachkräfte wie Gertrud sensibel vorgehen und stets das Wohl des Kindes sowie die Stärkung der Beziehung zwischen Kind und Familie im Blick behalten.

Die Situation, in der Gertrud Tim direkt anspricht und ihn quasi als Mittler zwischen ihr und seinem Vater nutzt, führt dazu, dass Tim in einen potenziellen Loyalitätskonflikt gerät. Einerseits steht er in einer

Beziehung zur Fachkraft, die für seine Betreuung und Erziehung verantwortlich ist und deren Autorität er respektiert. Andererseits hat er auch eine enge Bindung zu seinem Vater, der seine primäre Bezugsperson außerhalb des Kindergartens ist und dessen Anweisungen und Erwartungen er folgen möchte.

Ein solcher Loyalitätskonflikt kann für ein Kind belastend sein und zu Verwirrung, Stress und sogar inneren Konflikten führen. Tim könnte sich unsicher fühlen, wem er letztendlich folgen soll oder wie er die Erwartungen beider Parteien erfüllen kann. Darüber hinaus besteht die Gefahr, dass die Beziehung zwischen Tim und seinem Vater belastet wird, wenn Tim das Gefühl hat, als Bote von Kritik oder Forderungen herhalten zu müssen.

Was könnte Gertrud stattdessen tun?

Um eine partnerschaftliche und bedürfnisorientierte Zusammenarbeit mit dem Vater von Tim zu fördern und gleichzeitig die Bedürfnisse des Kindes zu respektieren, könnte Gertrud zunächst einmal direkt mit seinem Vater sprechen. Auch wenn in der Vergangenheit bereits Gespräche stattgefunden haben, die wenig zielführend waren, rechtfertigt dies nicht, Tim als Vermittler zu nutzen.

Dem Kind gegenüber sollte sie das Thema aussparen. Es ist zu vermuten, dass der Vater sein Möglichstes gegeben hat, um Tim überhaupt jeden Tag mit einem Frühstück zu versorgen. Vielleicht weiß er, dass Tim die Schokosandwiches besonders gerne mag, und vielleicht möchte er seinem Sohn den Tag in der Kindertagesbetreuung einfach mit den Bonbons versüßen. In diesem Fall hätte er aus dem Bedürfnis heraus gehandelt, seinem Sohn etwas Gutes zu tun. Anstatt darauf zu beharren, dass Tim gesundes Frühstück mitbringen soll, lohnt es sich, sich bei Tims Vater nach den Gründen für sein Handeln zu erkundigen. Das kann durchaus für mehr Verständnis für das Handeln des Vaters sorgen.

Dieser verstehende Zugang bedeutet im Umkehrschluss nicht zwangsläufig, dass Gertrud mit dem Handeln einverstanden sein muss.

Verstehen heißt nicht, einverstanden zu sein.

Gertrud kann den Vater auf eine respektvolle und unterstützende Weise ansprechen, ohne ihn zu kritisieren oder zu verurteilen. Sie könnte ihre Bedenken hinsichtlich der Ernährung von Tim mitteilen und dabei betonen, dass sie gemeinsam nach Lösungen suchen möchte, die sowohl den Anspruch der Kindertagesbetreuung, die Bedürfnisse des Kindes als auch die Wünsche des Vaters berücksichtigen. Dazu bedarf es einer dialogischen Kommunikation.

Regeln der dialogischen Kommunikation

- **Der Familie Respekt entgegen bringen**
- **Augenmerk auf Stärken und positive Möglichkeiten lenken**
- **Dem Anderen vorteilsbewusst begegnen**
- **Kontakt herstellen**
- **In Beziehung treten**
- **Zuhören, Raum geben**
- **Offene Fragen stellen**
- **Zeit nehmen**
- **Energie auf gemeinsame Lösungen konzentrieren**

(vgl. Fialka 2010, S. 21)

11 „Sorgen Sie bitte dafür, dass sich das hier ändert“ Geteilte Verantwortlichkeit konstruktiv nutzen

In der hektischen Atmosphäre der Bring- und Abholsituationen finden oft sogenannte „Tür-und-Angel-Gespräche“ statt – kurze Unterhaltungen zwischen Fachkräften und Bindungs- und Bezugspersonen der Kinder, die oft im Vorbeigehen und im Beisein der Kinder abgehalten werden. Diese Gespräche sind geprägt von Dringlichkeit und Schnelligkeit, aber auch von der Schwierigkeit, wichtige Themen angemessen anzusprechen. Insbesondere werden dabei häufig Forderungen an die Eltern gestellt, die sie kaum erfüllen können, da die Situationen, auf die sie sich beziehen, in der Kita und nicht zu Hause stattfinden.

Das Beispiel

Im Laufe des Vormittags kommt es wiederholt vor, dass die fünfjährige Melek andere Kinder tritt und schlägt. Da dieses Verhalten in den letzten Wochen verstärkt auftritt und Nick und seine Kolleg:innen schon vieles ausprobiert haben, langsam aber nicht mehr weiter wissen, beschließt er, die abholende Mutter darüber zu informieren.
Als die Mutter kommt, ist Melek gerade dabei, sich anzuziehen. Parallel sind noch andere Kinder mit in der Garderobe. Nick spricht Meleks Mutter an und schildert, wie sich Melek den Tag über den anderen Kindern gegenüber verhalten hat. Er äußert seine Sorge, dass er nicht weiß, wo das hinführen soll, und bittet die Mutter, noch einmal mit Melek zu sprechen, dass sie endlich damit aufhört, die anderen Kinder

zu treten und zu schlagen. Frau Can ist das sichtlich unangenehm. Das verstärkt sich, als eine andere Mutter dazukommt, die ihr Kind abholen möchte. Nachdem Nick fertig ist, nimmt die Mutter Melek ungehalten an die Hand und schimpft mit ihrer Tochter: „Warum machst du das denn ständig? Kannst du nicht einfach lieb sein und die anderen Kinder in Ruhe lassen?"

Anschließend telefoniert die Mutter in Gegenwart der Tochter mit ihrer Freundin und lässt ihren Frust darüber aus, dass Melek im Moment so unmöglich ist, dass die Fachkräfte sie schon darauf ansprechen. Sie äußert, wie unangenehm und peinlich das für sie ist. Melek trottet mit hängendem Kopf nebenher.

Die folgenden Tage spricht Nick die Mutter regelmäßig an und erzählt, dass Melek nun täglich mehrfach andere Kinder tritt und schlägt.

Die Mutter reagiert immer ungehaltener und macht ihrer Tochter Vorwürfe, warum sie sie ständig in diese Situation brächte. Wenn irgendwie möglich versucht Frau Can zunehmend, die Begegnung mit Nick zu vermeiden.

Das Verhalten von Melek ändert sich auch weiterhin nicht, sondern verstärkt sich eher noch. Morgens zeigt sie immer mehr Widerstand und kommt gar nicht mehr gerne in die Kita.

Andere Familien kommen schon auf Nick zu und fragen, was denn mit Melek los sei und ob man da nicht mal was machen könnte.

Was ist hier passiert?

Im vorliegenden Beispiel sind Nick und seine Kolleg:innen ratlos und wissen nicht, wie sie weiter mit Meleks aggressivem Verhalten umgehen sollen. Nick sucht daraufhin das spontane Gespräch mit der Mutter beim Abholen. Er fordert die Mutter auf, entsprechend auf das Kind einzuwirken, damit Melek in der Kindergruppe nicht mehr tritt und schlägt. Damit verschiebt er die Verantwortung für das problematische Verhalten des Kindes aus dem System der Kinderbetreuung in die Familie. Meleks Mutter ist damit offensichtlich überfordert.

Aufgrund der offenen und ungeschützten Situation – es sind andere Kinder und andere Bindungs- und Bezugspersonen anwesend – ergibt sich kein ausführliches und zielführendes Gespräch. Zeitfenster und Umgebung sind für das Anliegen der Fachkräfte ungeeignet. Dadurch wird es schwierig, die Situation angemessen zu klären und Lösungen zu finden.

Meleks Mutter zeigt deutlich, dass ihr diese Situation sehr unangenehm ist. Sie reagiert ihre Frustration spontan an ihrer Tochter ab. Die begrenzte Zeit und die unerwartete Konfrontation in Anwesenheit anderer Eltern führt dazu, dass sich Frau Can unter Druck gesetzt fühlt und Nick gegenüber eher defensiv reagiert, was eine konstruktive und kooperative Zusammenarbeit erschwert. Durch die Häufigkeit dieser negativ behafteten Mitteilungen wird es für Frau Can immer unerträglicher, gehäuft öffentlich angesprochen und damit mehr oder minder zur Rechenschaft gezogen zu werden. Sie versucht zunehmend, die Begegnung mit der Fachkraft zu vermeiden.

Aus der Sicht des Kindes sind solche Situationen nicht minder unangenehm und beschämend. Die Gespräche finden immer wieder in ihrer Gegenwart statt, ohne dass sie in ihrem Befinden wahr- oder ernst genommen wird. Das wird sehr deutlich an Meleks Verhalten. Sie zeigt zunehmend, dass sie nur noch ungerne in die Kindergruppe kommt. Handlungsalternativen bekommt sie weder von den Fachkräften noch von der Mutter angeboten. Sie bekommt sogar zusätzlich Druck durch die Mutter und fühlt sich von der engsten Bindungsperson unverstanden, was ihren Frust eher verstärkt.

Schließlich werden aufgrund der wiederholten Gespräche in den Bring- und Abholsituationen zudem andere Bindungs- und Bezugspersonen auf Melek aufmerksam. Andere Familien werden ungewollt zu Zeug:innen dieser Gespräche und bekommen Informationen, die nicht für sie bestimmt sind. Unbeabsichtigt trägt dies bereits zur Stigmatisierung des Kindes und seiner Familie bei. Damit entwickeln solche Situationen nicht selten eine Eigendynamik, da die Zusammenarbeit zwischen den Fachkräften und einer Familie auch immer eine Wirksamkeit im erweiterten Beziehungsdreieck, hier durch die anderen Kinder und deren Familien, entfaltet.

Die ursprüngliche Absicht, eine Lösung für Meleks Verhalten zu finden, bleibt dabei völlig auf der Strecke. Ganz im Gegenteil, der Druck erhöht sich auf allen Seiten und wird immer unerträglicher.

Was hätte Nick stattdessen tun können?

Zunächst braucht es seitens der Fachkraft den reflektierten Blick und die Erkenntnis, dass für das Verhalten, dass ein Kind im Laufe des Tages zeigt, nicht zwangsläufig die Bindungs- und Bezugspersonen verantwortlich gemacht werden können. Kindertagesbetreuung und Familie sind zwei getrennte Verantwortungsbereiche, die sich im besten Fall darin einig sind, dass sie beide das Wohl des Kindes im Blick haben, und dafür möglichst gemeinsam Lösungen finden. Dazu gehört aber auch, zu erkennen, was im System Kinderbetreuung stattfindet und zu lösen ist. Das liegt dann in der Verantwortung der pädagogischen Fachkräfte.

Im Beispiel wissen Nick und seine Kolleg:innen nicht mehr weiter und erhoffen sich eine Unterstützung von der Mutter. Hier ist im Vorfeld zu berücksichtigen, inwieweit die Mutter möglicherweise zu einer Lösungsfindung beitragen kann. Als Expert:in für ihr Kind kennt sie vielleicht ähnliche Situationen und Verhaltensweisen bei ihrer Tochter und hat Ideen, was den Fachkräften im pädagogischen Alltag weiterhelfen könnte.

Es gilt, in der geteilten Verantwortung gemeinsam Lösungen zu finden und gleichzeitig Verantwortung für den eigenen Einflussbereich zu übernehmen.

Mit diesem Fokus ändert sich der komplette Einstieg in das Gespräch, in dem es dann darum geht, das Erfahrungswissen der Mutter miteinzubeziehen, um eine gute Begleitung für Melek entwickeln zu können. In diesem Fall wäre es zielführender gewesen, in der Tür-und-Angel-Situation die Mutter um einen gesonderten Gesprächstermin zu bitten, weil die Fachkräfte gerade nicht weiterwissen und sie hoffen, dass die Mutter ihnen weiterhelfen kann. Daran hätte sich dann ein strukturiertes und geplantes Elterngespräch anschließen können, um das Verhalten des Kindes und mögliche Lösungsansätze ausführlich zu besprechen. In diesem Gespräch hätte Nick die Gelegenheit gehabt, die Perspektiven der Mutter mit einzubeziehen sowie Informationen über Meleks Verhalten und mögliche Gründe dafür auszutauschen.

Während des Gesprächs hätte Nick einfühlsam und respektvoll auf die Mutter zugehen können, um eine vertrauensvolle Atmosphäre zu schaffen und eine offene Kommunikation zu ermöglichen. Er hätte die Möglichkeit gehabt, die Mutter über die verschiedenen Strategien zu informieren, die in der Kita bereits ausprobiert wurden, und gemeinsam mit ihr neue Ansätze zu entwickeln, um Melek besser zu unterstützen und zu begleiten.

Wenn sich im Gespräch herausstellt, dass die Mutter ähnliche Verhaltensweisen zu Hause beobachtet, bestünde umgekehrt genauso die Gelegenheit, gemeinsame Strategien für Kinderbetreuung und Familie zu entwickeln, um konstruktiver mit der Situation umzugehen.

Sollte sich herausstellen, dass es ihnen auch gemeinsam schwerfällt, Lösungsansätze zu entwickeln, können vielleicht gemeinsam externe Unterstützungsmöglichkeiten wie zum Beispiel Beratungsstellen aufgesucht werden.

Insgesamt hätte ein geplantes Elterngespräch Nick die Möglichkeit geboten, eine tiefere Zusammenarbeit mit Meleks Mutter aufzubauen und gemeinsam Lösungen zu entwickeln, um das Verhalten des Kindes zu unterstützen und das Wohlbefinden von Melek und ihrer Familie zu fördern.

Alle weiteren Unannehmlichkeiten wären so den Beteiligten sehr wahrscheinlich erspart geblieben.

Exkurs: Tür-und-Angel-Gespräche

Tür-und-Angel-Gespräche dienen ursprünglich dazu, beiläufig Kontakt aufzunehmen, Small Talk zu pflegen, sich gegenseitig besser kennenzulernen und Brücken zueinander zu bauen. Es geht in erster Linie darum, sich in der Übergabesituation über Befinden und Bedürfnisse des Kindes und Besonderheiten, die für die weitere Tagesgestaltung wichtig sind, auszutauschen.

Diese Gespräche können nützlich sein, um schnelle Updates über das Wohlbefinden des Kindes oder über besondere Vorkommnisse zu erhalten, wie etwa einen ungewöhnlichen Vorfall oder eine Änderung in den Schlafgewohnheiten. Gerade bei Kindern im Kleinkindalter haben diese Gespräche während der Bring- und Abholzeit eine besondere Bedeutung, weil diese sich selbst noch nicht verbal umfänglich mitteilen können. Die Erwachsenen werden hier zu wichtigen Vermittlern, um bei den wechselseitigen Übergängen von Familie in Kita und umgekehrt die Informationen zu erhalten, die für den weiteren Tagesverlauf jeweils wichtig werden können. Im Zentrum steht das Wohlbefinden des Kindes, dass mit der Unterstützung der Erwachsenen den jeweiligen Übergang möglichst positiv bewältigen sollte.

Bei Tür-und-Angel-Gesprächen ist es wichtig, dass die Fachkraft einfühlsam und respektvoll kommuniziert, da die Eltern möglicherweise in Eile sind oder sich in einer stressigen Situation befinden. Es sollte darauf geachtet werden, die Privatsphäre und Vertraulichkeit zu wahren, insbesondere wenn sensible Themen angesprochen werden. Dabei geht es nicht nur um die Privatsphäre der Familie, sondern auch immer um die des Kindes. Wichtig ist hier zu schauen, inwieweit das Kind förderlich miteinbezogen werden kann und wo aktiv darauf geachtet werden muss, das Kind weder zu beschämen noch bloßzustellen.

Tür-und-Angel-Gespräche sind grundsätzlich kein Ersatz für ausführliche und geplante Gespräche im geschützten Rahmen, insbesondere wenn es um komplexe oder langfristige Angelegenheiten wie das

Verhalten oder die Entwicklung des Kindes geht. In solchen Fällen ist es wichtig, ausreichend Zeit für ein ruhiges Gespräch zu finden, um die Bedenken und Perspektiven aller Beteiligten zu berücksichtigen und angemessene Lösungen zu entwickeln.

(Vgl. Roth 2022, S. 194ff.)

12 „Bekommen Sie erst mal Kinder“ Familien wollen Verständnis für ihre Situation

In der Zusammenarbeit mit den Familien streben die pädagogischen Fachkräfte danach, diese bedürfnisorientiert zu unterstützen und sie in ihrem Familienalltag zu begleiten. Doch trotz bester Absicht lassen sie sich nicht selten dazu verleiten, aus dem eigenen Erfahrungshorizont heraus Ratschläge anzubieten oder Empfehlungen zu geben.

Obwohl sich viele Familien Unterstützung und eine partnerschaftliche Zusammenarbeit wünschen, können verschiedene Faktoren dazu führen, dass sie bestimmte Empfehlungen nicht umsetzen können oder sich vehement dagegen sträuben. Besonders dann ist viel Fingerspitzengefühl seitens der Fachkraft gefragt, in der sie persönlich geäußerte Vorwürfe auf keinen Fall persönlich nimmt und sich ihrer Rolle bewusst ist.

Das Beispiel

In einem Elterngespräch in einer Kindertagesstätte äußert Linda, eine junge pädagogische Fachkraft aus der Regenbogengruppe, ihre Bedenken über die abendliche Bettgehzeit eines Kindes und empfiehlt den Eltern, klarere und konsequentere Regeln durchzusetzen. Der Vater des Kindes und sein Partner reagieren darauf skeptisch, da sie finden, dass diese Vorschläge nicht zum Familienalltag mit ihren anderen beiden Kindern passen. Etwas genervt von den Empfehlungen, fragt der Partner des Vaters die pädagogische Fachkraft, ob sie überhaupt selbst Kinder habe.

Die Fachkraft verneint dies, woraufhin der Vater erwidert: „Na dann sollten Sie erst mal eigene Kinder bekommen, bevor Sie uns Ratschläge geben."
Linda fühlt sich vor den Kopf gestoßen und ist verärgert, dass ihr von den beiden offensichtlich aufgrund ihrer Kinderlosigkeit das Einfühlungsvermögen für deren Situation gänzlich abgesprochen und ihre Fachlichkeit nicht anerkannt wird. Sie fühlt sich persönlich angegriffen und bricht das Gespräch ab.

Was ist hier passiert?

Im oben stehenden Beispiel wird eine Situation beschrieben, in der eine pädagogische Fachkraft in einem Elterngespräch den Eltern gut gemeinte Ratschläge für den Umgang mit ihrem Kind gibt. Die Fachkraft empfiehlt eine klarere und konsequentere Herangehensweise, insbesondere bezüglich der abendlichen Bettgehzeit des Kindes. Die Eltern reagieren jedoch skeptisch auf diese Vorschläge und geben zu verstehen, dass sie nicht in ihren Familienalltag passen, der bereits durch die Bedürfnisse ihrer anderen Kinder mitbestimmt ist.

In der Folge äußert einer der Gesprächspartner seine Frustration über die Ratschläge der Fachkraft, weil er das Gefühl hat, dass sie überhaupt keine Ahnung davon habe, wie so ein Abend mit drei Kindern verläuft. Er geht hier in eine Angriffshaltung und stellt der Fachkraft die Frage, ob sie überhaupt selbst Kinder habe. Diese Aussage dient hier vermutlich eher als Abwehrmechanismus, insbesondere wenn die Familie das Gefühl hat, dass ihre Erziehungsmethoden kritisiert werden.

Versuchen wir den Satz des Gesprächspartners zu übersetzen, beinhaltet er in erster Linie die Botschaft: „Wir wollen einfach nur von Ihnen in unserer spezifischen Familiensituation verstanden werden." Dabei geht es im nicht bewusst darum, Linda zu verletzen oder abzuwerten. In unserem Beispiel ist es daher naheliegend, dass die beiden Gesprächspartner sich von Linda unverstanden und vielleicht auch bevormundet fühlen.

Hinter der Aussage „Haben Sie überhaupt selbst Kinder?“ steht das Bedürfnis der Familien, in ihrer Individualität gesehen und ernst genommen zu werden.

Linda erkennt diese indirekte Botschaft nicht als Ebene der Selbstoffenbarung (siehe vier Ebenen einer Nachricht von Schulz von Thun, Seite 59f.), sondern empfängt diese Aussage auf der Beziehungsebene. Damit verlässt sie gleichzeitig ihre professionelle Rolle und fühlt sich persönlich angegriffen sowie als Fachkraft abgewertet. Hier stellt sich die Frage, ob nicht auf einmal eine – und wenn ja welche – private Rolle in den Vordergrund tritt, und auf welchen Erfahrungshintergrund die Aussage des Gesprächspartners trifft.

Jeder Mensch hat eine Vielzahl von Rollen, die ihn durch sein Leben begleiten. Als Fachkraft ist es wichtig, sich diese Rollen immer wieder bewusst zu machen, um sich gleichzeitig von ihnen in der Arbeit abgrenzen zu können (vgl. Wedewardt & Cantzler 2022). Linda ist und bleibt in diesem Moment Fachkraft und sollte sich verdeutlichen, dass vermutlich jede andere Fachkraft in dieser Situation die gleiche Frage gestellt bekommen hätte. Fraglich bleibt, ob ein Bejahen der Tatsache, Kinder zu haben, in diesem Augenblick tatsächlich zielführender gewesen wäre.

Was könnte Linda stattdessen tun?

Linda könnte in dieser Situation verschiedene Ansätze verfolgen, um die Zusammenarbeit mit der Familie partnerschaftlicher und bedürfnisorientierter zu gestalten.

Hat sie realisiert, dass die Frage des Gesprächspartners dazu dient, das Bedürfnis auszudrücken, verstanden zu werden, könnte Linda Verständnis für die Perspektive des Vaters und seines Partners zeigen und anerkennen, dass jeder Familienalltag einzigartig ist. Indem sie die Bedenken und Herausforderungen der Eltern ernst nimmt, kann sie eine vertrauensvolle Beziehung aufbauen.

Anstatt ungefragt Ratschläge zu geben, kann sie die beiden einladen, ihre Perspektive und ihre Bedenken zu teilen. Durch offene Fragen und aktives Zuhören kann sie besser verstehen, was ihnen wichtig ist und welche Barrieren es möglicherweise gibt, ihre Empfehlungen umzusetzen.

Offene Fragen für mehr Verständnis

Offene Fragen, mit denen die Fachkraft eine tiefere Einsicht in die Perspektiven der Familie gewinnt, könnten sein:

- „Könnten Sie mir mehr darüber erzählen, wie Ihr typischer Abend zu Hause aussieht?"
- „Welche Herausforderungen erleben Sie dabei, die abendliche Bettgehzeit mit Ihren Kindern einzurichten?"
- „Wie fühlen Sie sich, wenn Ihr Kind später als geplant ins geht?"
- „Haben Sie schon einmal versucht, klarere Regeln für die Bettgehzeit festzulegen? Wie ist das gelaufen?"
- „Was denken Sie, könnte Ihnen helfen, eine für Ihre Familie passende Lösung zu finden?"
- „Gibt es bestimmte Bedürfnisse oder Umstände, die ich möglicherweise nicht berücksichtigt habe?"

Mit Hilfe offener Fragen vermeidet Linda, starre Ratschläge zu erteilen, und es eröffnen sich Wege und Möglichkeiten, gemeinsam mit der Familie nach Lösungen zu suchen, die besser zu deren Familienalltag passen. Indem sie die Eltern in den Entscheidungsprozess einbezieht, fühlen sie sich respektiert und ernst genommen.

Wie oben schon erläutert, steht hinter der Aussage „Bekommen Sie erst mal eigene Kinder, dann können Sie auch mitreden" oft ein Gefühl der Verteidigung und Unsicherheit seitens der Bindungs- und Bezugspersonen. In solchen Fällen ist es wichtig, dass die Fachkraft einfühlsam reagiert, während sie gleichzeitig eine unterstützende und respektvolle Atmosphäre aufrechterhält.

Konstruktive W-Fragen

Wer? – beinhaltet Fragen nach Personen oder Gruppen.

Was? – eröffnet Fragen nach Dingen, Handlungen oder Ereignissen.

Wann? – ermöglicht Fragen nach Zeitpunkten oder Zeitabläufen.

Wo? – formuliert Fragen nach Orten oder Lokalitäten.

Warum? – umfasst Fragen nach Gründen, Motiven oder Ursachen.

Wie? – benennt Fragen nach Methoden, Prozessen oder Abläufen.

Offene Fragen ermöglichen es, verschiedene Aspekte eines Themas konstruktiv zu erörtern und dadurch eine breite Palette von Informationen zu erhalten, ohne die Antwortmöglichkeiten der Befragten einzuschränken.

(Vgl. Prior 2023, S. 49)

13 Ein paar Worte zum Schluss

Die folgende Geschichte von Carl Rogers begleitet mich schon seit vielen Jahren in meiner Tätigkeit als Weiterbildnerin, Coach, Supervisorin und Elternberaterin.

Andere genießen wie einen Sonnenuntergang

„Eines der befriedigendsten Gefühle habe ich, wenn ich einen Anderen auf dieselbe Weise genieße, wie zum Beispiel einen Sonnenuntergang. Menschen sind genauso wundervoll wie ein Sonnenuntergang, wenn ich sie sein lassen kann. Ja, vielleicht bewundern wir einen Sonnenuntergang gerade deshalb, weil wir ihn nicht kontrollieren können.
Wenn ich einen Sonnenuntergang betrachte, höre ich mich nicht sagen: ‚Bitte das Orange etwas gedämpfter in der rechten Ecke und etwas mehr Violett am Horizont und ein bisschen mehr Rosa in den Wolken.' Das mache ich nicht. Ich versuche nicht, einem Sonnenuntergang meinen Willen aufzuzwingen. Ich betrachte ihn mit Ehrfurcht."

(Rogers 2013)

Die Worte des amerikanischen Psychotherapeuten Carl Rogers eröffnen eine besondere Perspektive auf partnerschaftliche und bedürfnisorientierte Zusammenarbeit zwischen Fachkräften und Familien. Statt zu versuchen, andere Menschen zu kontrollieren oder ihnen unseren Willen aufzuzwingen, sollten wir sie so betrachten, wie wir einen Sonnenuntergang betrachten – mit Ehrfurcht und Wertschätzung für ihre Einzigartigkeit.

Wenn wir als Fachkräfte Familien als wundervolle Wesen betrachten, die wir sein lassen können, entsteht Raum für Verständnis, Respekt und Empathie. Ähnlich wie wir den Sonnenuntergang bewundern, ohne zu versuchen, ihn zu verändern, sollten wir auch die Menschen um uns herum betrachten – mit offenen Herzen und einem Sinn für ihre individuelle Schönheit.

Partnerschaftliche Zusammenarbeit bedeutet nicht, dass wir unsere eigenen Bedürfnisse zurückstellen oder unsere Meinungen aufgeben müssen. Es bedeutet vielmehr, dass wir gemeinsam mit anderen nach Lösungen suchen, die für alle Beteiligten akzeptabel sind. Es bedeutet, zuzuhören, zu verstehen und einfühlsam zu handeln, um ein unterstützendes Umfeld zu schaffen, in dem sich alle wohlfühlen und miteinander wachsen können.

Indem wir uns von Rogers' Vision inspirieren lassen, können wir eine Atmosphäre schaffen, in der Fachkräfte und Familien sich gegenseitig unterstützen, respektieren und wertschätzen. Diese partnerschaftliche und bedürfnisorientierte Zusammenarbeit ist der Schlüssel zu einer erfolgreichen und erfüllenden Arbeit mit den unterschiedlichsten Familien.

Es geht darum, einander zu vertrauen, um schließlich dem Kind eine Brücke in sein erfülltes Leben zu bauen.

Danke

Ein großes Dankeschön geht zunächst einmal an die Familien, denen ich während meiner eigenen Zeit als Fachkraft und auch als Elternberaterin begegnet bin und von denen ich so viel darüber lernen durfte, was Familien brauchen.

Eine weitere Inspirationsquelle sind seit vielen Jahren meine Seminarteilnehmenden und die vielen Fachkräfte, die mir auf Facebook und Instagram folgen. Eure Beispiele und euer Schwarmwissen haben mir sehr weitergeholfen, dieses Buch möglichst praxisnah zu schreiben.

Während der Schreibphase habe ich mich immer wieder durch die Podcasts von Fea Finger, Lea Wedewardt und Karolin Schneider und den ein oder anderen Instagram Live-Stream von und mit Natalie Titze, Anna Bolten und Sebastian Lisowski inspirieren lassen. Das hat mich hier und da mächtig aus drohenden Schreibblockaden herausgeholt.

Und ein ganz besonderer Dank gilt wieder einmal meinem Mann, der in den letzten Wochen der Schreibphase mein Abtauchen in mein Schreibzimmer respektiert hat und mich einfach hat machen lassen. Er trägt seit gut 15 Jahren maßgeblich dazu bei, dass ich mir meine Schreib(frei-)räume nehmen und diese füllen kann.

Literatur

Albers, T. & Ritter, E. (2015): Zusammenarbeit mit Eltern und Familien in der Kita. München: Ernst Reinhardt.

Betz, T. u. a. (Hrsg.) (2019): Kinder zwischen Chancen und Barrieren. Zusammenarbeit zwischen Kita und Familie: Perspektiven und Herausforderungen [online]. Gütersloh: Bertelsmann Stiftung doi:10.11586/2019043 (letzter Zugriff 13.12.2023).

Cantzler, A. (2020): Die Veränderungskurve. https://coachingcantzler.de/2020/04/23/die-veranderungskurve/ (letzter Zugriff: 11.03.2024)

Cantzler, A. (2022a): Werte erkennen – Werte benennen – Werte weiterentwickeln. https://coaching-cantzler.de/2022/03/08/das-werte-und-entwicklungsquadrat/ (letzter Zugriff 10.02.2024).

Cantzler, A. (2022b): Peergroup-Eingewöhnung. Kita-Qualität praktisch gestalten. Mülheim an der Ruhr: Verlag an der Ruhr.

Dusolt, H. (2018): Elternarbeit als Erziehungspartnerschaft. Ein Leitfaden für den Vor- und Grundschulbereich. 4.Auflage. Weinheim/Basel: Beltz.

Fialka, V. (2010): Wie Sie Zusammenarbeit mit Eltern professionell gestalten. Bildungs- und Erziehungspartnerschaft. basiswissen. kita management. Freiburg: Herder

Franz, M. (2023): Heute wieder nur gespielt – und dabei viel gelernt. 5. Edition. München: Don Bosco.

Glöser, B. (2019): Miteinander sprechen. Gelingende Gespräche in der Kita. Herder.

Halfmann, K. (2023): Haltung. Ein Praxisbuch für mehr Professionalität in pädagogischen Alltag. Hamburg: Rowohlt.

Herrmann, K. & Kruse, M. (2020): Zusammenarbeit mit Familien im Spiegel gesellschaftlicher Veränderungen und institutionalisierter Kindheit, S. 11-25. In: nifbe (Hrsg.): Gemeinsam an einem Strang ziehen. Zusammenarbeit mit vielfältigen Familien in der KiTa. Freiburg: Herder.

Kallfaß, A. (2021): Interaktion zwischen frühpädagogischen Fachkräften und Eltern in der Kindertagesstätte. Eine rekonstruktive Analyse professionalisierter Praxis. Dissertation Freie Uni Berlin. Wiesbaden: Springer VS.

Kitarechtler (2018): Kita Recht – Folge 209: Haben Kinder ein Recht auf Urlaub von der Kita? https://kitarechtler.de/2018/11/21/kitarecht-folge-209-haben-kinder-ein-recht-auf-urlaub-von-der-kita/ (letzter Zugriff 11.02.2024).

Langhammer, U. (2019): Auch Kinder brauchen Urlaub, S. 26. In: Kleinstkinder. Das Magazin, 4. https://www.herder.de/kk/zeitschrift/archiv/2019/4-2019/auch-kinder-brauchen-urlaub/ (letzter Zugriff 11.02.2024).

Leitner, B. (2020): Gewaltfreie Kommunikation in der KiTa. Wertschätzende Beziehungen gestalten – zu Eltern, Kindern, im Team. Paderborn: Jungfermann.

Müller-Kabisch, A. (2018): Die häufigsten Konfliktfälle in der Kita. Rechtliche Lösungen für ein gutes Miteinander. Kronach: Carl Link.

Naumann, T. M. (2011): Eltern heute – Bedürfnisse und Konflikte. Psychoanalytisch-pädagogische Elternarbeit in der Kita. Giessen: Psychosozial-Verlag.

Prior, M. (2023): MimiMax-Interventionen. 15 minimale Interventionen mit maximaler Wirkung. 19. Auflage. Heidelberg: Carl-Auer.

Prott, R. & Hautumm, A. (2004): 12 Prinzipien für eine erfolgreiche Zusammenarbeit von Erzieherinnen und Eltern. Berlin: verlag das netz.

Remmert, G.W. (2001-2011): Lösungen mit System: Methoden der lösungsfokussierten Systemischen Strukturaufstellungen. http://www.wachstums-impulse.de/pdf/loesungen-mit-system-wertequadrat.pdf (letzter Zugriff 11.03.2024).

Richter, S. (2022): Vorurteilen und Diskriminierung in der Kita begegnen. Freiburg: Herder.

Rogers, C. (2013): Der Sonnenuntergang. In: Der Andere Advent 2012/2013, Andere Zeiten e. V., 12.12.

Roth, X. (2022): Handbuch Zusammenarbeit mit Eltern. Bildungs- und Erziehungspartnerschaft in der Kita. Freiburg: Herder.

Schmidt, T. (2023): Konfliktmanagement- Trainings erfolgreich leiten. Der Seminarfahrplan. 7., überarbeitete Auflage. Bonn: Verlag Managerseminare.

Stangl, W. (2024): Etikettierungsansatz. Online Lexikon für Psychologie & Pädagogik. https://lexikon.stangl.eu/8341/etikettierungsansatz (letzter Zugriff 22.01.2024).

Vollmer, K. (2021): Fachwörterbuch Kita. Freiburg: Herder.

Wagner, P. (2003): „Anti-Bias-Arbeit ist eine lange Reise …". Grundlagen vorurteilsbewusster Praxis in Kindertageseinrichtungen, S.34–63.In: C. Preissing & P. Wagner (Hrsg.): Kleine Kinder, keine Vorurteile? Interkulturelle und vorurteilsbewusste Arbeit in Kindertageseinrichtungen. Freiburg: Herder.

Wedewardt, L. & Cantzler, A. (2022): Sich Seiner Selbst Bewusst Sein. Biografische Selbstreflexion für pädagogische Fachkräfte. Freiburg: Herder.

Wedewardt, L. & Hohmann, K. (2021): Kinder achtsam und bedürfnisorientiert begleiten in Krippe, Kita und Kindertagespflege. Freiburg: Herder.

Zehbe, K. & Sonnenberg, F. (2021): Erziehungs- und Bildungspartnerschaft zwischen Kita und Eltern. Kita Fachtexte, Nr. 3/2020. https://www.kita-fachtexte.de/de/fachtexte-finden/erziehungs-und-bildungspartnerschaft-zwischen-kita-und-eltern (letzter Zugriff 20.12.202